오직 딱 한 해만,
Only a year friendly egoist
다정한 이기주의자

ICH BIN DANN MAL BEI MIR.
12 Auszeiten für die Seele. Ein Selbstversuch
by Verena Carl and Anne Otto

한 달에 한 번, 온전히 나를 아껴주는 열두 달의 자기돌봄

오직 딱 한 해만, 다정한 이기주의자

Only 1 year friendly egoist

베레나 카를 · 안네 오토 지음
강민경 옮김

Angle Books

한 달에 한 번은 오롯이 나에게 집중하세요

☆

지금부터 아주 중요한 내용을 이야기해드릴게요. 저는 스스로를 돌보는 것이 삶을 온전히 살아가는 데 가장 필수적인 행위라 생각합니다. 우리 모두 각자 이런 시간이 따로 필요하죠. 예전에는 저도 저 자신을 돌보는 데 그다지 신경을 쓰지 않았습니다. 몇 년 전만 해도 저는 논문을 읽고 세미나에 참석하고 연구를 진행하며 바쁘게 사느라 '나'를 돌볼 시간이 없었죠.

그런데 어느 날 불현듯 나 자신을 돌봐야겠다는 생각이 들더군요. 그게 지금 중요한가 싶어 망설이기도 했습니다. 사실 그때는 스스로를 돌보는 데 집중할 생각이 전혀 없기도 했고, '자기돌봄'이라는 말이 고리타분한 단어처럼 느껴졌거든요. '자기 자신'이라는 말이 그땐 '이기적인' 혹은 '독선적인'이라는 말과 비슷하게 다가왔습니다. 어느 순간부터 만병통치약처럼 여기저기서 언급되기 시작한 일종의 유행어는 아닌지 의심하고 있었죠. 그런데 그 함축적인 말 뒤에는 저를 비롯해 모든 사람의 마음을 건드리는 무언가가 숨겨져 있는 듯했습니다.

번아웃을 겪고 클리닉에 다니며 치료를 받았던 오랜 친구가 저에게 이런 말을 한 적이 있습니다. 이전에는 몸과 마음이 무엇을 필요로 하는지 전혀 몰랐는데 스스로에게 집중하는 시간을 보내자 상황이 훨씬 나아졌다고요. 자기공감 분야를 주도하는 연구자 크리스틴 네프Kristin Neff는 한 인터뷰에서 스스로에게 공감하는 것이 타인과의 유대감 또한 강화한다고 했습니다. 네프에게는 자폐증을 앓는 아들이 있는데, 네프가 타인은 물론 자신에게 공감하려고 노력하고 행동하자 아들과의 관계 또한 평화로워졌다고 하죠.

자기돌봄에 매료된 건 그 즈음부터였습니다. 행동이 일상의 기억을 긍정적으로 만들어준다고 생각하기 시작했죠. 자기돌봄을 하다 보면 적어도 스스로를 남들보다 소홀하게 대하지는 않거든요. 제가 관찰한 바에 따르면, 일상에서 '나 또한 중요한 사람이야'라는 생각은 의외로 실천하기 어렵습니다. 동료나 친구들, 아니, 저만 봐도 한계점을 넘어 스스로를 혹사하다가 완전히 지쳐버리는 과정을 주기적으로 되풀이했으니까요.

책임감을 벗어던지고 '나부터 챙기기 프로젝트'

그렇게 나 자신과 멀어졌던 어느 가을, 베레나와 함께 함부르크에 있는 바에 앉았습니다. 아직 여름이 채 떠나지 않은 더운 밤, 우리 둘은 맥이 빠진 상태로 구부정하게 앉아 멍하니 와인 잔을 바라보고 있었죠. 우리가 만날 약속을 미룬 게 벌써 스물다섯 번 정도는 됐더군요. 만나려고만 하면 항상 무슨 일이 생겼거든요. 계약이니, 마감이니, 아이의 보충수업이니, 부모님 생신이니, 낭독회니, 세미나 같은 것들이요. 간략히 말해 우리는 늘 '반드시 해야만 하는' 의무로 항상 바빴습니다. 그래서 그날 저녁에는 어떻게 하면 숨통을 좀 틔우고 혼자만의 시간을 가질 수 있을지를 이야기했어요. 그리고 지금 같은—좋은 친구와 보내는 시간을 늘리는—방법에 대해서도 고민했죠.

"나는 때때로 작은 이불을 덮고 웅크리고 있는 느낌이 들어."

베레나는 이렇게 털어놨습니다. 최대한 몸을 웅크려서 겨우 이불을 덮고 있을라치면 남편이나 아이, 고용주 같은 사람들이 앞다퉈 끝자락을 잡아당기며 이불을 가져가려 하는 기분이라고요. 그 말을 듣자마자 저는 자기돌봄이라는 주제를 꺼냈습니다. 베레나를 위해서라고 했지만, 사실은 저를 위한 일이기도 했죠. 나를 잃어버리기 전에 내게 집중해야 한다는 생각이 들었거든요.

그날 저녁, 우리는 결심했습니다. 생각만 하지 말고 직접 행동에 나서보기로요. 우리는 스스로를 더 잘 돌볼 수 있도록 간단한 미션을 시작하기로 했습니다. 역할은 금방 정해졌습니다. 일 년 동안의 장기 프로젝트를 진행하기 위해 심리학자인 저는 코치를, 저널리스트이자 작가인 베레나는 실험자이자 피실험자 역할을 맡았죠. 다음 해 1월부터 베레나는 열두 번의 각기 다른 자기돌봄 방법을 직접 체험한 다음 그 과정을 글로 적어보기로 했어요. 저는 곁에서 베레나를 도와주고, 자기돌봄 방법을 설명하고, 각각의 접근법에 어떤 과학적 지식과 근거가 있는지 알려주기로 했습니다.

월별 미션은 언뜻 보면 사소한 일들이라 이게 무슨 소용이 있을까 싶은 것들이 많아요. 하지만 모두 과학적인 지식과 심리 상담을 통해 다져진 임상적 경험을 기반으로 하고 있으니 걱정 말고 실천해보기 바랍니다.

단 하나의 규칙, 마음 가는 대로 자유롭게 수행할 것!

이 책은 한 달을 기준으로 우리 두 사람이 나눈 편지 글을 그대로 담았습니다. 매달 첫 페이지에 등장하는 '미션 편지'는 여러 가지를 시도해보도록 도와주는 안내서라고 보면 됩니다. 여러분은 간단한 미션을 통해 자신과 더욱 가까워지고, 공감하고, 스스로를 더욱 단단하게 만들 방법을 찾게 될 겁니다.

베레나가 쓴 답장은 직접 몸으로 부딪쳐본 베레나만의 행동 일지입니다. 베레나는 저의 제안을 실천하면서 실제로 도움이 되었거나 혹은 전혀 도움이 되지 않은 것들을 솔직하게 기록했습니다. 여러분도 가끔은 취향에 맞지 않거나 그다지 도움이 되지 않는 미션을 만날 거예요. 여기 소개한 열두 가지 미션 중 어떤 것이 여러분에게 잘 맞는지 실제로 차근차근 실천하며 스스로 찾아나가기 바랍니다.

하지만 '이걸 언제 다 하고 있어?'라는 생각이 든다면 1월부터 12월까지 죽 훑어본 다음, 마음에 드는 주제를 선택해도 좋습니다. 자신을 새로운 시각으로 바라보는 것은 즐거운 일이어야지 절대 부담스러워서는 안 됩니다. 그것 또한 '자기돌봄'이거든요.

자기돌봄이라는 주제와 늘 함께 언급되는 것이 마음챙김과 자기연민입니다. 얼마 전부터 새롭게 부각되기 시작한 개념이죠. 심리학 연구에 따르면 자신을 연민하는 태도를 가진 사람이 오히려 더 공감 능력이 높고 이해심이 깊으며 인내심이 강한 사람이 된다고 합니다. 누구든 일상 속 자신의 행동을 조금만 관찰하면 자기연민이 자신과 타인 모두에게 호의적인 행동이라는 점을 깨달을 수 있을 거예요. 만족스러운 휴가를 다녀온 다음에는 평소 짜증나던 상사에게도 조금 너그러워지지 않던가요? 아침부터 명상이나 요가를 하고 나면 자녀나 직장 동료, 혹은 고객의 요구에도 조금 더 평온하게 대처할 수 있습니다. 타인과 더불어 사는 삶을 위해서라도 자기 스스로를 잘 돌볼 필요가 있는 셈입니다.

각 장의 마지막 부분에는 열두 가지 작은 심리 실험이 우리의 삶을 어떻게 바꾸었는지를 담았습니다. 한 가지 미리 귀띔해드리자면, 이러한 것들에 염증을 느끼던 베레나는 더 이상 자기돌봄이 배부른 자들의 허황된 '꽃노래'라 생각하지 않습니다. 그리고 이제는 타인의 말에 흔들리거나 필요 이상으로 상처받지 않죠. 호기심을 가득 안고 다양한 경험을 한 베레나는 빠르게 변하는 유행에 더는 속아 넘어가지 않습니다. 실체가 없는 안락함이나 편안함, 너무 쉽게 행복을 약속하는 말에도 속지 않죠.

여러분도 이 책과 함께 열두 달을 보내며 일상이 충만해지는 작은 기적들을 경험했으면 합니다. 부디 이 미션들을 통해 더도 말고, 덜도 말고, 딱 한 해만 자신에게 집중하는 시간을 갖길 바랍니다. 나아가 자신의 내면으로 향하는 본인만의 방법을 발견하고, 건강하고 다정한 이기주의자로 거듭나기를 진심으로 바랍니다.

안네 오토

Contents

#Monthly Challenge

January

1월

내 안의 나와 거리를 줄이는 법

감정을 있는 그대로 마주하기

▷▷▷▷▷

스스로를 돌보고 싶다면 명상을 시작해봐. 명상을 통해 진정한 나와 연결될 수 있거든. 우선 전통적인 자애 명상을 해보면 어떨까? 자애 명상은 불교에서 유래한 명상법인데 자비 명상이라고도 불러.

자애 명상을 할 때는 내게 좋은 일이 일어나기만을 바라고 스스로를 동정하는 마음을 키우는 게 중요해. 더 나아가 다른 사람들에게도 공감하며 좋은 일만 일어나길 바라야 해. 여기에는 낯선 사람이나 좋아하지 않는 사람도 포함되지.

자애 명상을 하는 방법은 여러 가지야. 전통적인 방법도 있고 빌 게이츠가 추천해 화제가 되었던 '헤드 스페이스 Headspace' 같은 현대적인 명상법도 있지. 여러 가지 명상법을 따라 하면서 네가 어떤 감정을 느끼는지, 어떤 방법이 너에게 맞는지, 그리고 스스로에 대한 감정에 변화가 생겼는지 관찰했으면 해. 명상 후에 마음이 더 안정되는지, 너에게 중요한 게 무엇인지 느끼는 것도 좋고. 한 가지 덧붙인다면, 되도록 매일 다른 명상법을 시도해볼 것!
이번 미션을 부디 즐겁게 받아들이기 바랄게.

January

안네에게

오랜 여행을 떠나려고 집을 나선 지 얼마 지나지 않아 심장이 덜컥 내려앉는 기분을 느껴본 적이 있니? 고속도로 출구를 앞에 두고 갑자기 중요한 물건, 이를테면 충전기나 체크카드, 혹은 양말을 두고 온 것 같다는 기분이 들 때 말이야. 그럴 땐 실제로 놓고 온 게 없는데도 가슴이 내려앉잖아. 나를 찾는 여정을 시작하자마자 바로 그런 기분이 들었어. 네가 보내준 명상 앱을 켜고 자리에 앉은 지 정확히 3분 23초가량 지났을 때였지.

한번 상상해봐. 나는 편안하게 자리를 잡고 앉아 스마트폰 스피커에서 나오는 부드러운 여자 목소리를 따라 다음 문장을 반복해 말했어.

"나는 진정 평온하고 행복하며 내 몸과 마음이 가벼워지기를 바랍니다."

그 말을 내뱉자마자 내 안의 개신교도 스위치가 켜진 거야. 명상을 이렇게 하는 게 맞나? 애초에 내가 이걸 할 수 있을까? 혹시 네가 우리 집에 카메라를 몰래 설치해두고 내 모습을 지켜보면서 박장대소하는 건 아닐까? 너무 부끄러워서 소리 내어 첫 마디를 내뱉자마자 숨이 턱 막히고 삐걱대는 문고리처럼 앓는 소리가 나오고 말았지. 더 이상 이어가지를 못하겠더라. 명상은 포기하고 대신 스스로에게 이렇게 물었어.

'내가 뭘 하고 있는 거람? 지금 이 명상을 대체 왜 해야 하는 거지?'

제대로 시작도 하기 전에 벌써 삐딱한 생각부터 들더라. 명상을 하고 나면 타인과의 연결이 깊어진다고? 그러면 일상생활을 하다가 불협화음이 발생하더라도 태연해야 하고, 기분이 나빠도 드러내지 말아야 하고, 갈등이 생겨도 침착해야 하는 건가? 상대방과의 유대감이 더 중요하니까? 거기까지 생각이 미치자 깨달음의 경지가 도무지 도달할 수 없는 머나먼 저편처럼 느껴졌어. 까마득한 어둠 속인데 내 손엔 발아래만 겨우 비추는 손전등 하나만 덜렁 들려 있는 거지. 사는 일에 급급한데 저 먼 깨달음이 무슨 의미가 있나 싶더라고. 프리랜서로 일하면서 업무 시간이 일정치 않아 힘에 부칠 때, 사춘기 아이가 말을 안 들을 때, 다음에 해야 할 일을 또 까먹었을 때, 과연 이런 명상이 나에게 도움이 될까?

행복은 버튼만 누른다고 나타나지 않는다

자애 명상Mettameditation이라는 말을 처음 들었을 때, 난 사실 'Metta 자애, 자비'가 아니라 'Meta초월'라고 이해했어. 그런데 초월 명상Meta-meditation이라는 말도 어느 정도 맞는 거 아냐? 이 명상법을 따라 하면 언젠가 모든 것을 초월한 사람이 될 것만 같은 기분이 들거든. 어쨌든 나 자신을 돌아보고 나아가 타인과의 관계를 강화한다는 건 무엇보다 중요한 일이니까, 앞으로 열두 달 동안 다른 활동을 하면서도 명상은 계속해서 해야 할 것 같아.

미션을 줄 때 네가 명상 연습에 도움이 되는 음성 데이터와 주의할 점을 몇 가지 알려줬지. 특히 강조한 건 이거였어. 행복은 버튼을 누르면 바로 튀어나오는 자판기 음료수나 전화 한 통이면 배달되는 홈쇼핑 로봇 청소기가 아니라는 것. 행복을 쉽게 손에 넣을 수 있다고 부추기는 라이프 스타일을 경계하라고 말이야.

일단 새해가 밝았고, 나는 내 마음을 찬찬히 산책할 준비를 마쳤어. 나는 자리에 앉아 다음의 말을 반복했지.

"나는 진정 평온하고 행복하며 내 몸과 마음이 가벼워지기를 바랍니다."

그러다가 첫 번째 명상을 멈췄어. 그 말을 반복하는 게 왜 그렇게 힘든지 생각해야 했거든. 나 자신을 위한 소망을 소리 내어 말하는 게 왜 그렇게 어려운지 말이야. 사실 그럴 이유는 하나도 없었어. 나를 방해하는 사람도, 내 말을 듣는 사람도 아무도 없었으니까. 심지어 난 원래 크리스마스 때 교회에서 함께 찬송가를 부르거나 운전하다가 혼자서 노래하거나 중얼거리는 데 거부감이 없는 사람이야. 그런데 그 말을 하기는 왜 그렇게 어려웠을까?

첫 번째 자애 명상을 망쳐버리고 깨달은 점이 있어. 누군가가 나한테 어떤 제안을 할 때마다 '그런데'라는 악마가 작은 상자에 숨어 있다가 불쑥 튀어나온다는 거야. '그런데'라는 건 점잖고 좋은 의도로 말하더라도 결국 반박하려는 말이거든. 네가 몇 년 전부터 농담으로 그랬지? 내가 "그런데……."라고 반박할 때마다 1유로씩 돼지 저금통에 넣으면 얼마가 모일지 궁금하다고 말야. 모든 걸 일단 확인하고, 비판하고, 분석하고, 꼼꼼히 따져보는 건 사춘기 청소년 같은 반항심인지도 몰라. 나는 내가 원해서 하는 일이라고 스스로를 끈질기게 설득하고 나서야 다시 명상을 시작할 수 있었어.

하지만 금세 또 멈춰야 했지. 이번엔 명상의 시작 부분 멘트 때문이었어.

"바른 자세로 자리에 앉아 잠시 자신의 호흡을 관찰하세요. 당신을 사랑했던 사람을 한 명 떠올려봅니다. 혹은 당신을 마치 당신 자신만큼이나 사랑했던 사람을 떠올려봅니다."

편안하게 숨을 쉬다 보니 머릿속을 스치는 사람들이 여러 명 있었어. 남편이나 우리 아이들, 엄마 등등. 그때까진 괜찮았지.

"그 애정의 영역이 어디에 있는지, 당신의 몸속 어디에서 느껴지는지 살펴봅니다. 애정의 원천인 동시에 대상이 된다고 상상하세요. 애정의 영역이 서서히 커지는 동안 마음의 변화를 느껴봅니다."

그 순간 갑자기 방해꾼이 끼어들었어. 바로 내 속마음이 던진 불편한 질문이었지.

'나를 나만큼이나 사랑하는 사람이 정말로 있을 거라고 생각해? 그렇게 괴팍하게 굴고 짜증을 냈는데도? 어떤 면에서 애정이란 건 결국 조건에 따른 거 아냐?'

틀린 생각은 아니라고 여겨졌어. 내가 평소에 조금 더 참을성 있는 엄마였다면 아들이 날 지금보다는 조금 더 사랑했을까? 반대로 아들이 두 달에 한 번꼴로 스페인어 교과서와 축구 양말을 잃어버리지 않았다면 나는 아이를 조금 더 사랑했을까? 애초에 조건 없는 사랑이라는 게 존재하긴 할까? 아니면 할리우드 영화에나 나오는 장밋빛 꿈일 뿐일까? 그런 생각이 들자 감정이 가라앉으면서 이성이 그 자리를 대신 차지하더라. 나는 명상을 멈춰버렸어.

바로 이런 순간이야, 내가 나를 사랑하기를 포기해버리는 때가. 난 야심이 있고 남들보다는 나에게 더 엄격하고 까다로운 사람이라 스스로에게 만족하는 일이 드물거든. 명상에서 말하는 애정이 정말 완전무결한 감정일까? 막 사랑에 빠진 연인이 서로에게 느끼는, 혹은 부모가 갓난아이를 보고 느끼는 감정처럼? 그건 아닐 수도 있다는 생각이 들었어. 그보다는 어떤 태도에 가깝지 않을까. 아무리 현실이 나를 못살게 굴더라도 스스로를 그리고 다른 사람을 기꺼이 받아들일 준비가 된 태도 말이야. 그건 아무리 화가 나고 실망하고 불만을 품더라도 약해지지 않는 본질적인 유대감이야. 엄마들은 아이들에게 항상 이렇게 말하잖아.

"네가 무슨 일을 하든 엄마는 항상 널 사랑한단다. 엄마가 아무리 화가 난 상황이라도 말이야."

하나 더 고백하자면, 처음에는 문장 구조부터 거슬렸어. 물론 명상을 할 때 "나는 행복해지고 싶습니다."라거나 "지금 이 순간부터 나는 지난 3개월 동안의 평균보다 29퍼센트 정도 더 행복합니다."라고 말하지 않는 데는 이유가 있겠지. 하지만 명상 앱의 목소리는 "나는 진정 평온하고 행복하며 내 몸과 마음이 가벼워지기를 바랍니다."라고만 말했어. 더 나은 결혼 생활, 더 비싸고 좋은 음식, 더 엄청난 직업적 성공처럼 끊임없이 결과만을 추구하는 세상에서 살던 내게 익숙하지 않은 겸손한 말이었지. 그런데 곱씹을수록 다르게 느껴지더라. 우리 인간이 모든 것을 통제할 수는 없으며 우리가 행복하지 않은 것이 개인적인 실패는 아니라는 가정이 포함된 말 같아서 위안이 되는 거 있지.

그리고 "나는 진정 평온하고 행복하며 내 몸과 마음이 가벼워지기를 바랍니다."라는 말에 더 깊은 뜻이 숨어 있다고 느껴졌어. 초월적인 것, 혹은 우리가 흔히 말하는 '신'처럼 더 우월한 존재 말이야. 무엇을 염두에 둘지는 전적으로 내 의지에 달렸어. 그것이 삶이든 운명이든 나 자신과 연결됐다고 느끼는 정신적인 존재이든, 혹은 몇몇 종교의 신이든 상관없지. 여기까지 생각하고 나서 다음 날 명상을 다시 시도해봤어. 그 말이 내 마음에서 울리도록 잘 따라 하겠다고 단단히 마음먹은 상태였지.

이후 20분짜리 명상 음성을 처음부터 끝까지 집중해서 들어보니 원리를 알겠더라고. 그 겸손한 문장들(예를 들어 "나는 진정 평온하고 행복하며 내 몸과 마음이 가벼워지기를 바랍니다." "나는 안전하고 보호받기를 바랍니다." "나는 스스로를 이해와 사랑의 눈길로 바라보기를 바랍니다.")은 각기 다른 난이도로 여러 번 반복됐어. 나를 위한 축복의 시간을 마치고 나면 명상 앱의 음성에 따라 똑같은 문장을, 이번에는 각기 다른 사람들을 구체적으로 생각하면서 반복해 말해야 했지. 그 부분에서 난이도가 나뉜 것 같아. 예를 들어 나와 가깝고 사랑하는 사람을 떠올리며 말하는 건 쉬웠어. 내가 특별히 좋아하지도 않고 싫어하지도 않는 사람을 떠올리는 건 중간 정도 난이도였지. 그리고 나와 갈등을 겪는 사람을 떠올리는 건 정말 어려웠어. 그런데 몇 차례 연습을 거치고 나니까 매일 조금씩 명상하는 데 재미가 붙더라고. 게다가 날이 갈수록 두 번째와 세 번째 부류에 속하는 사람들의 후보군을 점점 늘릴 수 있었어. 예를 들자면 은행 상담원이라든가 항상 의견이 어긋나는 고용주를 추가하는 식이랄까?

그러던 어느 날, 세 번째 부류에 이미 이 세상에 없는 사람을 떠올리게 됐어. 기분이 정말 묘하더라. 바로 지난해 보내드린 아버지가 생각났거든. 너도 알다시피 아버지와 난 사이가 나빴지. 그런데 명상을 하면서 아버지를 떠올렸을 때 비로소 깨달은 바가 있어. 이제는 아버지에게 작별 인사를 할 수도, 서로 오해를 풀도록 대화를 나눌 수도 없다는 사실 말이야. 서글픔이 물밀듯 밀려와 잠시 그 고통을 온전히 느끼다가 곧 차분해졌어…….

하염없이 작지만
무한히 큰 '나라는 존재'

명상을 한다고 과연 내 일상생활이나 주변인 혹은 나 자신을 바라보는 시선이 근본적으로 바뀔까? 2주가 지나고 중간 점검을 하니 복잡한 기분이 들더라. 우선 긍정적인 측면을 살펴보자면, 묵주를 돌리며 기도를 반복하듯 명상 앱에서 말하는 구절을 반복해 말하는 건 스스로가 얼마나 작으면서도 큰 존재인지를 깨닫는 과정이었어. 그런 감정을 이토록 선명하게 느껴본 건 참 오랜만이었지. 더 정확히 말하자면 1986년 이후 처음이었어. 그때 나는 일종의 깨달음을 얻었거든. 당시 10대였던 나는 파리 여행을 떠나 에펠탑에 올라갔는데, 지붕이 줄줄이 이어진 파리 시내를 내려다보며 이렇게 생각했어.

'와, 난 정말 작은 빛이구나. 이 세상은 나 없이도 잘 돌아갈 거야. 그런데 나는 수십억 인구 중 지금 이 순간 여기에서 이 모습을 바라보는 유일한 존재이기도 해.'

그때부터 나는 남들이 나를 제대로 봐주지 않거나 무시할 때마다 에펠탑으로 돌아간 기분을 느끼곤 했어. 명상을 하며 삶의 소망을 반복해 되뇌는 지금도 마찬가지야. 그 문장 덕분에 주변의 모든 사람과 연결되어 사회의 일원이 된 기분을 느끼고 자의식을 키울 수 있었어. 스스로에게 "너 자신, 너의 꿈, 그리고 너의 소망이 중요해."라고 속삭이면서 말이야. 일상에서 스치듯 만나는 여러 사람을 더 깊이 생각해보는 버릇이 생긴 것도 좋았어. 딸아이의 담임 선생님이든 15번 버스 운전기사든, 일상에서 마주치는 모든 사람들이 저마다 도전하고 실망하고 때로는 행복한 삶을 살고 있다는 점을 새삼 깨달았거든. 그 사람들은 내 삶에 속한 부품이 아니야. 나 또한 그들의 부품이 아니지.

물론 부정적인 측면도 있었어. 친구나 싫어하는 사람을 떠올리면서 "행복과 기쁨의 씨앗을 발견하고 그것을 손에 넣을 수 있기를 바랍니다."라는 문장을 반복하는 건 정말 고역이었단다. 말할수록 너무 진부하고 속보인다는 생각이 들지 뭐야.

나를 불쾌하게 만드는 사람은 정말 다양해. 하루를 지옥으로 만들어버리는 고용주가 대표적이지만 그 사람만이 아니지. 예를 들어 연인이나 배우자, 부모님, 자식들처럼 너무 가까운 사이이기에 오히려 나를 머리끝까지 화나게 만들 수 있는 사람들이 존재해. 예전에는 맞부딪쳐 싸우기보다는 상대방의 입장이 되어 관점을 바꿔 보려고 무던히 노력했어. 하지만 지금, 매일 명상을 하는 날들을 얼마간 보내고 나니 그게 역효과라는 걸 깨달았단다. 내가 가장 걱정하고 사랑하면서 동시에 분노를 활활 불태우는 대상이 누굴 것 같아? 바로 우리 아이들이야. 매일이 전쟁이지. 그런데 명상을 시작하고 나서 달라졌어. 틈만 나면 아이들이 아무 일도 없이 행복하길 바라고 숨을 쉴 때마다 아이들에 대한 너그러움을 키우고부터는 갈등이 줄어들었거든. 뭘 먹을지 결정할 때, 예전에는 30분 동안 서로의 의견을 굽히지 않으면서 우리 사이의 벽을 더 높이 쌓아올렸어. 하지만 요즘에는 그냥 나한테는 맛없지만 두 아이가 모두 좋아하는 요리, 그리고 내가 좋아하는 요리를 각각 따로 만들곤 해. 당연히 관계가 훨씬 나아졌지. 명상의 효과가 나 혼자만이 아니라 주변 모두에게 전해지는 느낌이 들었어.

마음 가는 대로,
가장 '이기적'으로 고른 명상법

운명인지 아니면 신이 나를 측은히 여기셨는지, 내게는 친구 수잔나가 늘 곁에 있단다. 수잔나는 자기돌봄에 있어 나의 롤모델이야. 자신을 위하는 일이 무엇인지 정확히 알고 있는 사람이지. 한번은 수잔나가 지난 가을에 혼자 오토바이를 타고 여행을 떠났던 이야기를 들려주었어. 수잔나의 둘째 딸이 여행 계획을 듣더니 이렇게 말했대.

"엄마, 완전 멋있어! 자기를 위해서 곧바로 행동에 나설 수 있다니!"

나는 속으로 오랜 친구인 '조급함'에게 속삭였어.

'봤지? 수잔나 같은 황새들을 따라가려고 뱁새가 간단히 배울 수 있는 열 가지 방법 같은 건 없어. 다만 매일 의식적으로 나의 소망과 권리와 소중함을 되뇌며 명상한다면 행동에 나설 용기를 조금씩 얻을 수 있을 거야.'

어느 순간 전통적인 자애 명상보다 나에게 더 잘 맞는 자애 명상 방법이 있을지도 모르겠다는 생각이 들었어. 그리고 네가 소개한 다양한 방법 중 MSC 명상법을 찾아냈단다. MSC, 즉 마음챙김 자기연민Mindful Self Compassion은 전통적인 불교의 명상법을 실생활에 접목하여 변형한 명상법이야. MSC 명상은 사람들이 자기연민을 확실하게 연습할 수 있도록 돕는데, 이 명상법의 주요 목표 집단은 돌봄 노동에 종사하는 사람이나 나처럼 일하는 엄마들이래. 홈페이지를 보니 명상을 따라 할 수 있는 음성 안내도 있더라고. 일단 쉽게 설명이 되어 있었고, 뻔한 말들을 따라 하라고 하지 않아서 좋았어. 그것보다는 나만의 욕구를 찾아가는 판타지 여행에 가깝더라.

영국 사람들은 자기 취향에 딱 맞는 걸 발견했을 때 "이게 바로 내 차야That's my cup of tea."라고 해. 명상 홈페이지의 따뜻한 목소리를 처음 듣자마자 나는 '이게 바로 내 차야!'라는 감이 왔어. 그 목소리를 따라 MSC 명상을 시작하니, 더 이상 명상이 웨이트 트레이닝처럼 느껴지지도, 종교 예배처럼 느껴지지도 않았어. 오히려 적절한 질문을 던져주는 좋은 친구와 대화를 나누는 기분이었지.

"내 삶에서 현재 충족되지 않은 욕구는 무엇인가?"

"나에게 부족한 것 중 지금 당장 필요한 것은 무엇인가?"

나는 결속하고자 하는 욕구, 안전하고자 하는 욕구, 평화로워지고자 하는 욕구를 느껴.

"나는 남들로부터 무슨 말을 듣고 싶은가?"

곰곰이 생각하자니 마음대로 색을 채워 넣을 수 있는 색칠공부를 하는 것 같더라고. 특히 마음에 들었던 명상 연습의 제목은 '연민하는 친구'였어.

'연민하는 친구' 명상법은 간단해. 혼자라고 느끼거나 너무 지쳤거나 화가 났을 때 나를 위로해주고 이해해주고 내 이야기를 들어주는 상상 속 친구를 한 명 만드는 거야. 실제로 연락을 주고받는 진짜 친구가 아니라 언제든 마음속에서 불러낼 수 있는 정신적인 친구 말이야. 배우자와 싸우거나 직장에서 갈등을 겪거나 그냥 기분이 꿀꿀할 때면 언제든지 불러낼 수 있는 편안한 친구. 간단하게 말하자면 스스로에게 친절하고 자비를 베푸는 내 안의 한 부분을 활성화시키는 거야. 다행히 대부분의 사람들 내면에는 이런 '또 다른 나'가 있어. 어렸을 때 받았던 애정과 보살핌을 떠올려봐. 성인이 된 지금의 내가 나 자신에게 애정과 보살핌을 쏟으며 스스로를 지켜주는 거지.

이 명상법을 시도하려면 우선 스스로의 모든 감각, 즉 시각, 후각, 청각, 미각 등이 평온하고 안전하다고 느끼는 장소를 상상해야 해. 그 다음에는 내 곁에 서서 나에게 공감하고 애정을 쏟으며 현명한 조언을 아끼지 않는 존재를 상상하는 거야. 꼭 사람이 아니어도 되니 자유롭게 떠올려봐. 그런 다음 부적 같은 존재가 되어줄 상상 속 친구에게 나의 소망을 이야기하면 돼. 어떤 이야기든 좋지만 반드시 모든 이야기를 해야만 하는 건 아니래. 상상 속 친구에게조차 말하고 싶지 않은 내용은 나만의 비밀로 품고 있으면 돼.

이 명상법으로 자기인식이 180도 바뀌길 기대하지는 않았어. 다만 상상 속 친구와 함께 평온하게 쉴 수 있다는 건 좋더라. 아무렇게나 편안한 자세로 쉴 수 있어서 더 좋았지. 그런데 갑자기 놀라운 일이 벌어졌어. 우리 집에 있는 빨간 벨벳 소파에 편안하게 앉아 상상 속에서 여행을 떠나려니 돌연 아카데미 시상식에나 출품될 법한 영화 같은 장면이 펼쳐졌거든. 상상 속에서 나는 작은 오두막에 있는 벽난로 앞에 앉아 떠들어대고 있었고, 옆에 앉은 젊은 남자가 내 이야기를 귀 기울여 듣고 있었어. 상상 속의 나는 '누군가에게 보이고 싶어! 사랑받고 싶어! 인정받고 싶어!'라고 생각했어. 미리 스포일러를 조금 하자면, 그 젊은 남자와 나는 남녀 관계가 아니라 정말로 그냥 친구였어. 내게 남동생은 없지만, 만약 있다면 그 남자 같았을 거야. 말하자면 내 영혼 중 한 부분이 나를 정신적으로 지지해줄 수 있을 정도로 든든하고 야무진 남자였던 셈이지. 그런데 곧 당황스러운 일이 벌어졌어. 그 남자에게 질문을 던졌는데, 남자는 아무런 대답도 준비하지 않았었는지, 별 말이 없더라고.

다행히 다음 날은 상황이 나아졌어. 내 잠재의식에 숨어 있던 풍경이 모습을 드러낸 걸까? 나는 둥글고 커다란 창문이 있는 방 안에 앉아 있었어. 창밖으로 지중해 해안이 펼쳐진 방이었지. 잠시 후 나는 그 방에서 나가 신비로운 분위기가 감도는 실측백나무 숲으로 향했어. 그곳에는 마치 타로 카드에서 튀어나온 것 같은 수녀가 거대한 왕좌에 앉아 있었지. 나는 갑자기 반려동물이라도 된 것처럼 그녀의 발치에 구르고 싶다는 충동을 느꼈어. 그리고 수녀가 축복의 손길로 내 머리를 쓰다듬어주며 "아무 것도 할 필요 없단다. 그냥 그대로 있으면 돼."라고 말해주기를 바랐어.

헤어질 때 수녀는 나에게 빨갛고 부드러운 공을 하나 쥐어주었어. 생명이 깃든 것처럼 따뜻한 공이었지. 명상을 끝내자 꿈속에 있다가 현실로 불쑥 돌아온 것 같았어. 명상 속에서 만난 사람들과 풍경은 내 영혼의 근원에서 나온 것 같아. 그만큼 강렬하고 따스했어. 그게 마법이 아니라고 말했던가? 사실은 마법이 맞아. 나한테는 마법 같은 효과를 가져다준 경험이었어. 나에게 생기를 불어넣어주면서, 동시에 나를 다독이고 안심시켜줬거든.

바위처럼 군건하게 사랑하고 사랑받을 수 있다면

'연민하는 친구' 명상법에 감명받은 나는 다음 날 세 번째로 같은 명상법을 시도했어. 하지만 이번에는 상상 속 친구를 찾는 데 조금 오래 걸렸지. 난 숨이 막힐 정도로 아름다운 알프스 풍경 한가운데에서 바위에 기대어 있었어. 하늘에서는 갈까마귀가 울어댔고 이끼를 뒤집어쓴 바위가 따뜻한 햇볕을 받아 내 등까지 포근하게 감싸주었지. 풍경은 아름다웠지만 사방을 아무리 둘러보아도 친구가 될 만한 사람은 보이지 않았어. 나는 누군가가 나타나도록 하려고 애쓰면서 이렇게 생각했어. 젊은 남자도 만났고, 수녀도 만났다면 이번에는 나이가 많고 현명한 전설의 마법사 멀린 같은 가상의 인물을 만날 차례가 아닐까? 그러자 마침내 누군가가 나타났어. 『알프스 소녀 하이디』에 나오는 알름 할아버지처럼 가죽바지를 입고 수염을 덥수룩하게 기른 노인이었어. 나이 많고 현명한 마법사가 아니라 그냥 나이만 많은 백인 남자. 난 상상 속에서 그 사람이 그냥 지나가도록 만들었어. 어떤 형상이나 이미지가 선명해지기 전에 상상을 중단하면 머릿속에 나타난 이미지를 다시 지워버릴 수 있거든.

그렇게 내 머릿속 알프스에 잠시 앉아 있다가 마침내 깨달았어. 내 상상 속 친구는 계속 그곳에 있었다는 사실을 말이야. 그건 내가 기대어 있는 바위였어. 단단하고 거대하면서도 따스하고 한결같고 무너지지 않는 바위. 명상을 처음 시작했을 때가 떠오르더라. 어쩌면 이 바위야말로 조건 없는 사랑을 상징하는 존재인지도 몰라. 태초부터, 그리고 머나먼 영원까지 내 중심에 굳건히 자리잡아 그 어떤 풍파도 겪지 않을 존재. 앞으로 이 세상에 무슨 일이 일어나든 내가 주변 사람들을 그 바위처럼 굳건하게 사랑하고, 또 그들에게 그렇게 사랑받을 수 있다면 얼마나 좋을까?

내 등을 받치고 있는 단단한 바위와, 수녀에게 받았던 부드럽고 말랑하며 손 안에 쏙 들어오는 빨간 공. 난 내 자신을 찾아 또 다른 여행을 떠날 준비를 마친 기분이었어. 그 마법 같은 존재 덕분에 앞으로는 더욱 견고한 토대에 발을 대고 서서 따뜻하고 활기차게 살 수 있을 것 같았지.

명상의 달을 마무리하면서 또 다른 명상법도 시도해봤어. 신기하게도 곧장 적용해볼 수 있더라고. '더 부드러워지기-돌보기-허용하기'라는 명상법이야. 일상 속에서 늘 되풀이되는 답답하고 괴로운 상황을 극복하는 데 도움이 되는 방법이지. 예를 들어 가장 친한 친구와 싸웠다거나, 두려움을 꾹 참고 병원에 가야 한다거나, 직장 동료와 복잡한 대화를 나누는 상황 말이야. 그런 상황을 상상하는 동안 부드러운 목소리가 이런 질문을 던졌어.

"어떤 감정이 고조되나요? 내 몸의 어디에서 그 감정이 느껴지나요? 어떻게 그 감정에 빈 공간을 마련해줄 수 있을까요?"

밀어내기보다는 그대로 두기

명상의 달에 딱 알맞은 일이 일어났어. 바로 어제 열네 살짜리 딸과 열띤 토론을 했거든. 딸은 취향이든 꿈이든 어떤 면에서 보나 나와 다른 사람이야. 우리는 대개 사소한 일로 다투곤 해. 난 딸이 어릴 때부터 그 아이가 크면 우리가 함께 즐기게 될 일들을 기대했어. 오후 내내 옷을 쇼핑하며 시간을 보내고, 딸에게 제대로 마스카라 바르는 방법을 알려주고, 내가 좋아하는 각종 미용이나 관리법을 알려주는 그런 일들. 그런데 우리 딸은 화장이라고는 전혀 하지 않고, 옷은 검은색 청바지 두 장에 남성용 티셔츠만 고집하지 요즘 유행하는 옷은 입어보려고 하지도 않아. 물론 자신만의 취향이 확고한 건 좋은 일이지. 그래도 솔직히 말해 여자들끼리만 즐길 수 있는 재미를 딸과 공유하지 못해 조금 아쉬운 건 사실이야.

지금까지는 딸과 나의 취향이 엇갈릴 때마다 내면의 나를 꾸짖곤 했어. '딸을 네 판박이로 만들려는 거야? 그보다는 딸이 자신이 원하는 바를 이미 알고 소비도 합리적으로 하고 있다는 사실에 기뻐해야지!'라고 말이야. 그런데 마지막 명상법을 시도하면서 여태까지와는 다른 감정을 느꼈어. 가슴이 탁 막히는 것처럼 먹먹해지더라고. 상상 속 친구를 떠올렸더니, 그 친구가 나에게 말했어.

"너와 네 딸이 취향이 비슷하지 않은 건 유감이야. 그런데 부모가 자식의 삶을 미리 특정한 방향으로 상상하는 것도 슬픈 일이지 않아? 제멋대로 아이의 삶을 정해두고는 새삼 '내가 재미있어 하는 건 우리 애가 싫어해. 그리고 애가 좋아하는 건 내가 싫어!'라고 생각하다니."

그 순간 매듭이 풀렸어. 숨을 오래 참았다가 갑자기 공기가 폐로 밀려들어오는 기분이었지. 그리고 깨달았어. 아마 이 깨달음은 아이들에게도 도움이 될 거야. 예를 들어 절친한 친구와 싸우거나 넘어져서 무릎이 깨졌을 때, 혹은 소아과에서 주사를 맞을 때처럼 말야. 그럴 때 "하나도 안 아파!"라고 애써 말하지 말고 고통이 느껴지는 대로 그냥 두는 거지. 그리고 나는 아이의 고통을 덮어버릴 다른 것을 찾지 않고 그저 옆에 같이 있어주고 위로하는 거야. 내면의 아이에게도 마찬가지로 대한다면 좋은 엄마가 될 수 있겠지. 딸 때문에 서운하다고 투정부리는 대신 내 감정에 대한 책임은 내가 지는 거야.

내가 체험해본 두 가지 명상법은 매일 가볍게 시도할 수 있다는 점 외에도 장점이 많아. 부정적인 감정을 애써 웃음으로 바꾸는 게 아니라, 감정을 있는 그대로 받아들이는 법을 가르쳐줬거든. 불안이나 분노, 불확실성 같은 감정에도 저마다의 공간이 있어. 이런 감정은 깊이 묻어 덮어버리지 말고 그저 받아들이는 게 최선이야. 부정적인 감정이 다가올 때 문을 걸어 잠그지 말고 활짝 열 수 있다면 우리를 행복하게 만드는 감정도 함께 들어올 거야. 이 긍정적인 감정의 도움으로 부정적인 감정을 극복할 수 있겠지.

어느 날 오후 나는 아무런 이유도 없이 갑자기 우울의 구덩이에 빠졌어. 그때 기분을 다시 끌어올리려고 애쓰지 않고 스스로에게 공감하는 혼잣말을 중얼거렸지. 지금 이게 크리스마스 연휴가 끝나고 새해가 다가오면서 느끼는 허무함일 뿐일까? 어쩌면 지난 몇 주 동안 자기돌봄을 하다 보니 이런 감정이 더 강하게 느껴지는지도 몰라. 반창고를 교체하려고 떼어내면 상처가 다시 드러나는 것처럼.

내 감정에 공감하니 기분이 훨씬 나아졌어. 마치 뮌히하우젠 남작이라도 된 것 같더라. 늪에 빠진 자기 머리카락을 붙잡고 스스로를 끄집어냈다는 사람 말야. 물론 거칠지 않고 조심스러운 손길로 끄집어냈으니 걱정 마. 나는 이제 더 이상 내 감정을 옆으로 치워두거나 하찮게 여기지 않아. 예민하게 관찰하고 진지하게 받아들이지. 그러면서 내가 진정으로 원하는 게 무엇인지 더 잘 느끼게 됐어. 물론 그렇다고 원하는 바를 모두 이루거나 손에 넣을 수 있지는 않아. 다만 의식적으로 뭔가를 소망하고, 때로는 놓아주는 걸 더 이상 불공평하다고 토로하진 않는다는 거지.

이렇게 나를 찾는 여행의 첫 번째 달이 지났어. 하지만 자애 명상으로 얻는 경험은 끝나지 않을 거야. 앞으로도 명상을 이어갈 테니까. 물론 매일 하진 않겠지만, 흔들릴 때는 마음을 다잡기 위해 명상을 할 거야. 그리고 새 친구들과도 계속 만나볼까 해. 나를 위로하던 젊은 남자와 수녀, 듬직한 바위, 그리고 나 자신과 말이야.

그러니 너 또한 잘 지내기를.

베레나가

☆

January

✸

베레나에게

명상에는 첫 도전이었는데 한 달 동안 정말 눈부신 성과를 거뒀구나. 명상을 통해 자신의 생각과 감정에 집중하고, 스스로와 더 가까워졌잖아. 살다 보면 자기 마음을 너무 홀대하는 경우가 많아. 다들 효율성을 따지고, 계획에 맞춰 모든 일을 차질 없이 해내려고 고군분투하느라 바쁘거든. 이렇게 쳇바퀴처럼 돌아가는 과정 속에서 사람들은 자기 자신과 차츰 멀어지지. 그러다가 스스로를, 그리고 자신의 감정과 욕구를 어떻게 마주해야 할지 잊어버리고 말아.

너와 나 같은 사람들이 '조금 더 내 자신에게 신경 쓸 수 있으면 좋겠어'라고 생각하고, 스스로 원하는 삶을 살겠다고 큰소리치면 어떻게 될까? 아마 대부분은 일도 하고 아이도 키우면서 그런 소망을 이루기는 어렵다고 할 거야. 부지런히 움직일수록 소외감을 느끼는 건 우리만이 아니라 많은 사람들이 호소하는 문제야. 그래서인지 지난 10여 년 동안 일상에서 잠시나마 안정과 평온함, 마음챙김을 느낄 수 있도록 도와주는 기술이 유행했어. 그중 특히 유명한 것이 매사추세츠 의과대학 분자생물학자 존 카밧진Jon Kabat-Zinn이 창시한 마음챙김을 기반으로 한 스트레스 감소Mindfulness-Based Stress Reduction, MBSR 프로그램이지.

세계적으로 유명하고 의학적으로도 효과를 인정받는 이 프로그램에는 다양한 호흡법은 물론이고 건포도 씹기* 같은 간단한 실천법도 있어. 그런데 이 프로그램에 자기연민을 연습하는 훈련법이 포함된다는 사실을 아는 사람은 많지 않아. 자기연민 연습은 매우 중요한데 말이야. 마음챙김 강사나 과학자, 심리학자들이 공통적으로 주장하는 바에 따르면, 호흡법이나 이와 비슷한 종류의 연습이 효력을 발휘하기 위한 전제조건은, 바로 스스로에게 친절하고 관대한 태도라고 해. 쉽게 생각하자면, 스스로를 우악스럽고 거칠게 다루는 사람은 마음챙김 명상을 시작했을 때 자아비판적이고 자신을 억누르려는 태도를 보이기 쉽다는 거지. 그래서 많은 마음

---

* 건포도 먹기 명상. 건포도를 처음 보는 물건이라 생각하고 고정관념을 없앤 다음 눈으로 보고 귀로 듣고 코로 냄새 맡고 입으로 먹는 등 다양한 감각을 동원해 느껴보는 명상법. _역주

챙김 전문가들이 실질적인 마음챙김 훈련을 시작하기 전에 자기연민 훈련을 시키는 거야.

텍사스 대학교의 심리학 교수이자 명상 강사인 크리스틴 네프는 동료인 크리스토퍼 거머Christopher Germer와 함께 간단한 연습만으로 자기연민을 배울 수 있는 명상 프로그램을 개발했어. 이 프로그램에 참가하면 마음챙김뿐만 아니라 가슴챙김Heartfulness, 혹은 일체감까지 느낄 수 있지. 네가 1월 한 달 동안 진행했던 명상과 이들이 개발한 명상법의 근본은 같아. 머리만이 아니라 심장까지 일깨우는 훈련인 셈이지. 특히 자신과 감정적으로 연결될 수 있는 방법이라는 게 중요해.

앞서 언급한 마음챙김 자기연민, 줄여서 MSC 명상법에는 세 가지 요소가 있어. 우선은 자기 자신에게 친절하고 다정해야 해. 마치 친한 친구를 대하듯이 스스로에게 잘 지내는지 묻고 스스로를 비판하지 말고 보살피고 걱정해야 해. 너처럼 본인에게 혹독하게 구는 사람들도 이 명상법을 시작하면 자기에게 친절해지는 것이 얼마나 스스로를 자유롭게 만드는지 금방 깨닫게 돼. 베른 대학교의 토비아스 크리거Tobias Krieger가 연구한 바에 따르면, 우울증을 앓던 환자들이 스스로에게 친절해지는 연습을 시작하자마자 고민과 자책이 줄어들었다고 해.

두 번째 요소는 마음챙김을 연습하는 거야. 자신이 지금 어떤 감정을 느끼는지, 고통스러운지 즐거운지, 불편한지 편안한지 등을 정확하게 인식하는 사람만이 스스로와 깊은 대화를 나눌 수 있거든.

MSC 명상법의 세 번째 요소는 타인에게 공감하고 누구나 살면서 고통을 겪는다는 사실을 마주하는 거야. 이게 바로 보편적 인간성Common humanity이라는 거지. 고통은 삶의 일부이고 인간은 이 보편적인 고통과 늘 함께한다는 불교의 가르침을 쉽게 설명한 개념이란다. 네가 보낸 한 달이라는 시간 동안 보편적인 인간성이 돋보였어. 스스로에 대한 공감이 깊어지면 다른 사람들에게도 공감할 수 있거든. 예를 들어 너는 1월 한 달 동안 딸을 여태까지와는 다른 시선으로 바라볼 수 있었잖아(여담이지만 나도 사춘기 아들과 갈등을 겪을 때 너와 같은 방법을 활용할 수 있을 것 같아).

심리치료사이자 강사인 크리스티네 브렐러Christine Brähler에 따르면 자기연민을 연습하는 사람은 장기적으로 볼 때 훨씬 더 안정적이고, 불안을 덜 느끼고, 덜 우울해지고, 스스로를 신뢰하고, 스트레스 상황에도 더 잘 견딘다고 해. 자기연민의 효과는 계속해서 증명되고 있어. 특히 눈에 띄는 것은 심리학자 라마잔 아바치Ramazan Abaci의 연구 결과야. 아바치는 이스탄불에 있는 여러 회사의 노동자들을 대상으로 설문조사를 실시했어. 그 결과, 자기연민 수준이 높은 사람들은 그렇지 않은 사람보다 일에 더 만족했어. 결국, 자기연민은 좌절, 스트레스, 신경쇠약처럼 나를 소외시키고 우울하게 만드는 요소로부터 스스로를 지키는 보호막 같은 감정이란다. 자기연민을 통해 진정한 나와 만나는 건 일상이나 업무 중 스스로를 안전하게 보호해주는 에어백이나 마찬가지지.

이번 명상 연습이 너를 너 자신과 조금이나마 더 끈끈하게 연결하고 삶을 더 의식적으로 느낄 수 있도록 만든 것 같아 기뻐.

그럼 이만 줄일게.

안네가

일상 속 자애 명상

이렇게 긍정적인 효과가 있는데 왜 자기연민은 어렵게 느껴질까요. 왜 스스로를 편들어주는 게 그렇게나 버거울까요. 이유는 여러 가지입니다. 우선 아직까지도 많은 사람들이 겸손해야 한다는 교육을 받는다는 것을 가장 큰 이유로 꼽을 수 있지요. 우리는 스스로를 비판적으로 보고, 자신에게 관대하게 구는 건 어리석고 의미 없는 일이라 생각합니다. 그래서 스스로를 잘 대접하거나 남들로부터 귀한 대접을 받는 것을 부담스럽게 느끼죠. 내면의 비판적인 목소리는 간단한 명상이나 다른 마음챙김 기술로 서서히 가라앉힐 수 있습니다. 다만 연습이 필요할 뿐입니다.

두 번째 이유는 원치 않은 부작용이 생긴다는 데 있습니다. 계속해서 자신을 돌보는 데만 신경 쓰다 보면 불편하고 부정적인 감정 또한 훨씬 선명하게 느껴집니다. 사랑이나 연대감, 기쁨, 만족뿐만 아니라 고통, 외로움, 권태, 당혹감이나 분노 같은 감정도 강렬해집니다. 모순적인 것은 그런 부정적인 감정 또한 긍정적이라는 사실이에요.

죽음을 주제로 한 연구 결과에 따르면 슬프고 괴로울 때도 평소와 마찬가지로 내면에서 발생하는 감정을 자세히 관찰하고, 고통이나 슬픔 또한 그대로 두는 게 좋다고 합니다. 그래야만 삶의 어두운 시기도 견뎌낼 수 있거든요. 고통이 저절로 사그라지도록 내버려 두는 겁니다. 그런데 우리는 평소에 거슬리거나 불편한 감정 없이 매일을 보내길 바랍니다. 조금이라도 불편한 감정이 생기면 회피하거나 모른 척해버리죠. 그런다고 없어질 감정도 아닌데 말입니다. 괴로움 또한 받아들여야 한다는 책을 다수 집필한 심리치료사 안드레아스 크누프Andreas Knuf는 회피하는 태도에 관해 언급한 적이 있습니다. 잘 생각해보세요. 스스로에 대한 신뢰가 깊을 때는 슬픔이나 고통이 지속되는 것도 나쁘지 않다고 느낀 적이 있을 겁니다.

물론 심각하게 불안정한 상태이거나 절박한 위기 상황에 처했을 때는 명상을 통해 감정을 더 깊고 선명하게 느끼기보다는 기분 전환이 우선이에요. 명상은 상황이 나아지고 나서 시도하면 되니까요. 이런 경우를 제외하고는 슬픔이나 단절, 삶의 고난을 그대로 받아들이고 인식할수록 자기연민 능력이 더 강해집니다. 명상의 강도를 조절하는 방법도 여러분 스스로 깨우칠 수 있을 거예요.

나 자신과 가장 친한 친구가 되는 연습

말은 쉽지만, 전문가의 지도나 체계적인 계획 없이는 스스로를 좋은 친구처럼 대하기 어색하고 어렵습니다. 그래서 의자 두 개만으로 손쉽게 자신과 친구가 되는 방법을 소개하려 합니다.

우선 의자 두 개를 서로 마주보도록 놓습니다. 그리고 한쪽 의자에 앉아 자신에 대해, 그리고 현재 고민하거나 걱정하고 있는 문제에 대해 설명합니다. 감정의 여운이 남도록 시간을 충분히 들이세요. 그 다음 자리에서 일어나 반대쪽 의자에 앉고, 방금 전까지 맞은편 의자에 앉아 있던 '나'의 좋은 친구 혹은 친절하고 현명한 조언자가 됐다고 생각합니다. 빈 의자를 바라보면서 근심에 찬 자신에게 친구가 그러듯이 부드러운 위로와 격려를 건네세요. 단, 평가하거나 충고하지 않도록 주의해야 합니다. 그저 곁에 있어주는 친구처럼 스스로를 보듬어 주면 됩니다. 이제 다시 처음에 앉았던 의자로 돌아가 자신이 했던 말을 되풀이해봅니다. 기분이 나아지고 위안을 얻었나요?

의자 없이 글로만 연습해볼 수도 있습니다. 두 친구가 교환 일기를 쓰듯, 우선 자신의 관점에서 걱정스러운 일이나 고민에 관해 씁니다. 그리고 현명한 친구가 된 관점에서 위로와 격려의 말을 써봅시다. 교환 일기를 몇 차례 나누다 보면 근심이 점차 줄어들 거예요.

나에게 던지는 질문

- ☑ 스스로를 친절하게 대하니 일상에서 어떤 점이 달라졌나요?
- ☑ 일을 그르치거나 실수했을 때 어떻게 반응할 건가요? 또, 어떤 다른 반응을 보일 수 있을까요?
- ☑ 다른 사람들, 예를 들어 자녀나 배우자를 평소 어떻게 대하나요? 가족을 대하듯이 자신을 대하면 어떨까요?

나에게 너그러워지는 마음의 훈련법

각자 다른 방식으로 자기연민을 연습할 수 있습니다. 몇 가지 방법을 소개합니다.

마음챙김 자기연민 Mindful Self Compassion, MSC

심리치료사인 크리스틴 네프와 크리스토퍼 거머가 고안한 훈련법입니다. 독일에서는 이와 관련한 세미나가 다수 진행되고 있을 만큼 유명합니다. 마음챙김이라는 주제를 자세히 탐구하고 싶거나 이미 다른 마음챙김 강의를 들어본 적이 있는 사람들에게 추천하는 훈련법입니다.

마음챙김 기반 자애로운 삶 Mindfulness-Based Compassionate Living, MBCL

8주 동안 이어지는 강의 코스로, 작가이자 명상 강사인 프리츠 코스터Frits Koster와 심리치료사이자 마음챙김 강사인 에릭 반 덴 브링크Erik van den

Brink가 개발했습니다. 불편하고 괴로운 상황에서 벗어나는 데 어려움을 겪는 사람들을 위한 훈련법입니다.

마음챙김 기반 스트레스 감소 Mindfulness-Based Stress Reduction, MBSR

8주 이상 이어지는 코스로, 존 카밧진이 개발한 마음챙김 훈련법입니다. 이 코스를 따라 하면 스스로를 위한 명상과 마음챙김의 기초를 다질 수 있습니다. 초심자나 안정 및 스트레스 완화를 원하는 사람들에게 추천합니다.

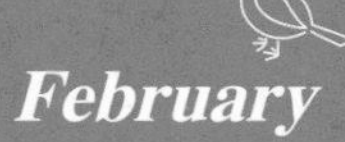

#Monthly Challenge

February

2월

뜨개질, 빵 굽기, 뭐든 내 손으로

손의 움직임에 몰두하기

▷▷▷▷▷

손으로 직접 무언가를 만들다 보면 스트레스가 줄고 마음이 안정되며 자신의 내면을 들여다볼 수 있어. 대바늘 뜨개질이든 코바늘 뜨개질이든, DIY 가구 조립이든, 가내수공업이든, 정원 가꾸기든, 요리든, 베이킹이든 이번 달에는 직접 손으로 할 수 있는 반복 작업을 해보렴.

단, 무엇을 할지 고르는 단계부터 벌써 기분이 좋아지는 작업을 선택하는 게 중요해.

일상에 새로운 활동을 더해 한 달 동안 체험하고, 그게 네 기분과 정서에 어떤 영향을 미치는지 살펴보기를.

✶

February

✩

안 네에게

이번 달은 미션에 앞서 걱정스러운 마음부터 든다. 직접 만들어낸 물건이 얼마나 볼품없을지 눈앞에 그려지거든. 하지만 모든 건 내 책임이지. 너는 아무것도 강요하지 않았으니까. 일단 나는 뜨개질을 선택했어. 그동안 머리를 쓰느라 바빴으니 휴식이 필요하다고 생각했거든. 그리고 이 편지를 쓰는 지금 나는 충분히 쉰 상태야.

걱정하는 마음도 있었지만, 이번 달 과제를 들었을 때 처음 느낀 감정은 기쁨이었어. 머리 대신 손을 움직여 뭔가를 만들어내는 게 얼마나 긍정적인 효과를 불러일으키는지는 익히 알고 있으니까. 주변 사람들 이야기를 들으니 대부분 손으로 뭔가를 하면 마음이 가라앉는다고 하더라. 별다른 소득도 없이 머리만 굴리며 고민하기보다 손으로 직접 뭔가를 만들면 예쁜(혹은 적어도 유용한) 결과물이나마 얻을 수 있잖아.

직접 뭔가를 만들려면 반복 작업이 필수지. 작업에 익숙해져 본인만의 리듬이 생기면 본질에 집중하게 되고 창의력이 솟아나면서 자기인식이 깊어져. 한 친구는 가족과 심각한 대화를 나누면서 복잡한 문양의 케이블 스티치*를 수놓았대. 그러면 감정을 갈무리할 수 있을 뿐만 아니라 다른 사람에게 마음을 툭 터놓고 이야기하게 된다더라. 또 다른 친구는 일이 고된 날이면 테라스의 타일바닥을 비집고 올라온 잡초를 뽑는대. 그게 아주 기분이 좋다더라고. 그리고 토요일마다 자재상에 가서 새로운 울타리나 욕실 색을 바꿀 페인트를 고르며 일상의 피로를 푼다는 거야. 요가원이나 명상원에서처럼 정신 수련을 할 수 있는 건 아니지만 간단한 수작업을 통해 얼마든지 명상의 순간을 느낄 수 있는 셈이지. 물론 집수리나 리모델링을 직접 하면 비용을 아낄 수 있다는 장점도 있어. 그렇지만 역시 가장 큰 장점은 수작업 자체가 일종의 명상이라는 점 아니겠니.

아무튼 이런저런 생각을 하면서 부푼 마음을 안고 이번 달 미션을 위한 준비를 시작했어. 바로 털실을 사러 가는 거야. 예전에 쓰던, 꽤 손에 익은 뜨개바늘이 있긴 하지만 요즘에는 어떤 새로운 것

* 밧줄 모양으로 바느질하는 자수 기법. _역주

들이 나왔을지 궁금하기도 했어. 너에겐 말하지 않았지만, 내가 마지막으로 뜨개질을 한 건 무려 1980년대야. 하지만 어떤 기술은 자전거 타기와 비슷해서 한 번 배우면 절대 잊어버리지 않잖아? 처음에는 간단한 것부터 뜨면 되겠지. 딸에게 비니 모자를 떠주는 게 좋겠어. 그런 맥락에서 자기돌봄과 타인돌봄은 세트인 거 같아. 딸은 뜨개 모자를 얻고 나는 마음의 안정을 되찾을 테니. 소파에 푹 기대어 아무 생각 없이 뭔가를 창조해낼 수 있다니, 정말 멋진 일이지 뭐니.

훌훌 풀어버린 뜨개 인형 옷

그런데 뜨개질을 시작하자마자 열정이 팍 식어버렸어. 원통형 뜨개바늘 하나는 너무 짧고, 다른 하나는 너무 굵어서 내가 산 털실의 두께와 전혀 맞지 않았거든(내가 갔던 개성 넘치는 DIY 매장에서는 대체 왜 이것들을 나란히 놔뒀던 걸까?). 그리고 맹세컨대 예전에는 자면서도 뜨개질 시작 코 정도는 쉽사리 뜰 수 있었어. 그런데 오랜만에 하려니 부끄럽게도 유튜브를 보고서야 겨우 방법을 기억해냈지 뭐야. 변명하자면 실패하지 않으려고 애쓰다 보니 그랬을 뿐이야. 아무튼 유튜버인 슈바벤 지역 사투리를 쓰는 여자가 실을 어떻게 엮어야 할지 알려줬는데, 그 목소리를 듣고 있자니 갑자기 옛날 생각이 나며 '빡치더라고'(열네 살짜리 우리 딸이라면 이렇게 말했을 거야). 눈 깜짝할 사이에 나는 여덟 살짜리 꼬마로 돌아갔어. 선생님이 실과 시간에 내가 열심히 만들어놓은 뜨개질 코들을 입술을 앙다물고 다시 풀어버리던 모습이 생생하게 기억난 거야.

그때 엄마한테 물어가면서 인형에 입힐 화려한 스웨터를 떴거든. 엄마가 만든 것과 내가 만든 건 천지차이였지만. 내가 군데군데 한 코씩 모자라게 뜨는 바람에 완성하고 나서 엄마가 중간에 생긴 구멍에 전부 감침질을 해줬어. 어찌나 꼼꼼하게 해줬던지, 감침질하는 데만 내가 스웨터를 뜬 것만큼의 시간이 걸렸지 뭐야. 그런데 3학년 C반의 바그너 선생님은 자비가 없는 분이셨어. 완벽하지 않은 작품이 마음에 안 들었는지 애써 만든 인형 옷을 훌훌 풀어버린 거야. 실이 풀리던 그 냉정한 소리, 노력의 허무함을 상징하는 그 소리가 아직까지도 또렷이 기억나.

원래의 나라면 과거의 트라우마가 떠오른 순간 뜨개바늘을 내던지고 모든 걸 포기했을 거야.

'이건 내 일이 아냐, 난 못 해. 해봐야 기분만 나빠질 뿐이야.'

사실 난 특별히 손재주가 좋은 편도 아닌 게 대학생 때 직접 조립한 옷장을 1년 동안 썼는데 옷장 바닥을 잘못 조립하는 바람에 문이 꽉 닫히지 않았거든. 그래서 옷을 갈아입을 때마다 조심스럽게 문을 여닫아야 했어. 하루에 최소 여덟 번 정도 말이야(한창 패션에 관심 많을 스물둘이었거든). 당시 남자 친구가 내 모습이 불쌍했는지 옷장을 전부 해체하고 다시 조립해줬어.

내가 가장 어려워하는 단계가 바로 그거야. 난 이미 잘못된 일을 다시금 새롭게 시작하기보다 그냥 임시방편으로 사는 편을 선호하거든. 뜨개질을 다시 시작하기 전까지도 계속 미적거리던 모습에서 내 약점을 잘 알 수 있어. 모든 일을 그럭저럭 해내는 사람들은 결국 어떤 능력도 수준 높게 발전시키기 어려워. 얼레벌레 처리하는 데 익숙해져서 꼼꼼하게 생각을 정리하려면 남들보다 더 오랜 시간이 걸리기도 하지.

나 자신에게 두 번째 기회를 주기로 했어. 플라스틱 대신 대나무로 만든 뜨개바늘을 사러 가서 마음에 드는 뜨개질 책도 샀지. 슈바벤 여자의 유튜브 대신(물론 그 유튜버에게 개인적인 악감정이 있는 건 아냐. 비록 그 여자가 바그너 선생님을 연상케 했지만 말이야) 자세한 사진으로 뜨개질 순서가 소개된 책을 보면서 시작해보려고. 어쨌든 초등학교 3학년 때 그 트라우마를 겪고도 몇 년 후 꽤 괜찮은 조끼를 몇 벌 뜬 적이 있었으니 자신감이 넘칠 만도 했지. 그런데 뜨개바늘을 다시 잡으니 마음 같지 않더라고. 코는 맞게 떴는데, 코바늘을 사용한 두 번째 단부터 복잡해지는 거야. 위, 아래, 어디로 찔러야 하지? 뜨개질을 하면서 마음이 안정되기는커녕 오히려 화가 치밀어 올랐어. 이걸 하면서 평온해질 수 있다니 순 거짓말 아냐? 오히려 울분과 스트레스를 돋우고 내 부족함을 상기시키는 미션이라는 기분이 들더라.

슈퍼마켓에서 온 나의 구원자, 사과파이

뜨개질과 함께 나를 찾는 여행이 끝나버릴 수도 있었어. 손재주가 없다는 사실을 인정하는 것과 쓸데없는 오기를 부리는 것 사이에서 선택해야 한다면 당연히 전자를 택할 거야. 머릿속 친구가 공감하듯 속삭였어.

"그 마음 이해해. 사람이 모든 걸 잘할 순 없어."

그런데 다음 날 슈퍼마켓에서 과일 코너를 둘러보던 중 머릿속에서 종이 울리면서 또 다른 아이디어가 떠오르지 뭐니. 내가 즐겨 하고, 또 잘하는 수작업이 있거든. 바로 요리와 베이킹이야! 평소에도 간단한 것들을 뚝딱 만들어서 식탁에 올리곤 해. 그래서 이번에는 발효 빵을 만들면서 여유로운 시간을 보내기로 결심했어. 생각해보니 발효 빵을 만드는 건 꽤 오랜만인 것 같아. 이스트와 설탕을 미지근한 우유에 넣어 녹이고, 재료를 반죽하고, 휴지하고, 다시 반죽하고……. 어쩌면 베이킹이야말로 자전거 타기와 마찬가지로 한 번 배우면 절대 까먹지 않는 기술이 아닐까? 반복 작업을 꾸준히 할 수만 있다면 누구든 베이킹을 잘할 수 있어. 글을 쓰든 조깅을 하든 반죽을 만들든, 어떤 일에 몰두하는 데는 루틴이 중요하거든. 직접 해보니 난 뜨개바늘로 손만 꼬물거리는 것보다는 반죽을 이리저리 섞고 치대고 주무르면서 활기차게 움직이는 게 훨씬 좋더라.

오후 늦게 부엌에서부터 달콤하고 고소한 냄새가 퍼져나갔어. 냄새에 이끌린 딸이 부엌으로 찾아들었지. 갓 구운 사과파이를 사이에 두고 딸과 친구 관계, 페미니즘, 판타지 소설 등에 관한 이야기를 나누며 흡족한 시간을 보냈단다. 더는 뜨개질 코와 씨름하지 않아도 돼서 너무나 홀가분했어! 수작업을 하면서 마음의 안정을 도모하기란 생각과 많이 다른 일인 거 같아.

그럼 이만 줄일게.

베레니가

February

베레나에게

너도 알다시피 몇 년 전부터 DIY로 뭔가를 만들거나 수리하거나 요리하면서 스트레스를 풀고 행복을 찾는 사람들이 대폭 늘어났어. 그런데 그런 움직임이 단순히 시대정신 때문만은 아닌 모양이야. 심리학자들이 연구한 바에 따르면 수작업이 스트레스 수준을 유의미하게 낮췄다고 해. 소위 '수작업 테라피'의 효과가 검증된 셈이지.

연구진은 혈액 검사로 스트레스 호르몬인 코르티솔 수치를 측정했는데, 실험 참가자들이 손으로 뭔가를 하자 그 수치가 줄어들었대. 노던 애리조나 대학교의 심리학자인 앤 퍼터먼 콜리어Ann Futterman Collier가 몇 년 전 수작업이 행복감과 기분 전환에 미치는 영향을 조사한 적이 있어. 그 결과 수작업을 한 실험 참가자들은 꽤 오랜 시간 지속적으로 편안함과 상쾌한 기분을 느꼈고, 더 젊어진 것 같다고 보고했대. 다른 여러 실험 결과도 비슷해. 스포츠 같은 대근육 운동을 할 때와 반복 작업 같은 소근육 운동을 할 때 모두 실험 참가자들이 더 평온하고 쾌활해졌어. 델 의과대학의 교수 캐리 바론Carrie Barron은 뜨개질, 바느질 같은 반복 작업과 명상의 효과를 비교한 책을 출간하기도 했지.

수작업의 장점은 집중해서 반복적인 행동을 하는 것(눈을 부릅뜨고 뜨개질 코를 세는 데 집중하는 건 논외로 치자)만이 아니야. 스스로 만든 물건이 눈에 보이고 손에 잡히는 결과물로 남는 것 또한 우리에게 긍정적인 영향을 미치거든. 이런 경험을 한 사람은 일상생활을 할 때도 더 안정적이고 자의식과 자신감이 높아. 그래서 심리학 전문가들이 다양한 연구 결과를 근거로 우울증이나 불안장애를 겪는 사람들에게 뜨개질을 적극 추천하는 거야. 옥스퍼드 대학교의 심리학자 레베카 제인 파크Rebecca Jane Park는 거식증 환자들을 대상으로 수작업이 어떤 영향을 미치는지 연구했는데, 수작업을 하자 환자들의 불안이 줄어들고 정서가 상당히 안정됐다고 해.

너는 다른 사람들이 뜨개질로 경험할 수 있는 효과와는 조금 다른 것을 경험했구나. 이유는 간단해. 수작업에 대한 부담이 적어야 긍정적인 효과와 기쁨, 안정을 느낄 수 있거든. 지금의 너에게 베이킹이 성취감과 안정, 자부심을 주는 행동이라면 베이킹을 하면 돼. 중요한 건 "이거라면 할 수 있어!"라는 기분을 느끼는 거니까. 여가 시간을 유의미하게 보낼 또 다른 선택지를 찾길 바랄게.

그럼 또 다음 편지로 만나자.

안네가

일상생활 속 창의력과 수작업

수작업, 정원 가꾸기, 베이킹, 수공예 혹은 이와 비슷한 활동은 안정감, 평온함, 자기만족을 가져다줍니다.

진짜 그런지 알고 싶다면 한번 시도해보세요. 이미 예전부터 이런 활동을 하고 있는 사람도 있을 겁니다. 그렇다면 제가 드릴 말씀은 이것뿐입니다. 계속하세요. 내 손으로 뭔가를 만드는 활동은 긍정적인 효과를 이끌어내고, 여러분의 자의식은 더욱 강해질 겁니다. 이 말에 곧바로 공감하지 못하거나 어떤 활동을 해야 할지 모르겠다면, 앞선 편지에서 뜨개질과 베이킹을 번갈아 경험한 베레나의 사례를 참고해도 좋습니다.

우선 여태까지 해본 적이 있는 활동이나 어렸을 때, 혹은 성인이 된 이후라도 좋은 기억으로 남았던 활동을 찾아 시작해봅니다. 이미 해본 적이 있고 어느 정도 할 수 있는 활동을 고르되, 애써 새로운 것을 배우지는 마세요. 새로운 것을 배우다가 오히려 더 답답해질 수 있습니다. 예전에 좋아했던 활동을 하는 것만으로도 긍정적인 기분을 느낄 수 있으니 일석이조랍니다.

과거에 열심히 했던 수작업을 다시 하면 더 활기차고 젊어진 기분을 느낄 수 있으며, 과거의 자신과 다시 조우하는 반가운 경험을 할 수도 있습니다.

한 가지 추가할 내용이 있습니다. 꼭 손으로 하는 일만이 도움이 되는 건 아니에요. 만들기 외에도 악기 연주나 연기, 노래 등 다른 창의적인 활동을 통해 얼마든지 마음을 안정시키고 내면의 진정한 나와 연결될 수 있습니다. 적어도 3~4주 동안 예전에 즐겨 했던 활동을 다시 해보고 어떤 변화가 일어나는지 살펴보세요.

일상적 작업에 의식적으로 몰두하는 방법

몇 년 전부터 마음챙김이라는 단어가 유행하고 있습니다. 마음챙김 코스에 참가하면 몇 주에 걸쳐 스스로와 주변에 더 집중하고 의식을 기울이는 법을 배울 수 있지요. 강사가 체계적으로 알려주는 명상법은 물론이고 일상 속에서 행할 마음챙김도 배울 수 있습니다.

마음챙김 연습 방법은 다양합니다. 그중 하나가 양치질, 요리, 청소, 세차, 장보기를 비롯한 일상적인 행동을 더 의식적으로, 집중해서, 애정을 쏟아 하는 것입니다. 여러분도 일상 속에서 얼마든지 시도해볼 수 있어요. 쳇바퀴를 굴리듯 아무 생각 없이 반복하던 일들이 새롭고 기분 좋게 느껴질 겁니다. 부담은 사라지고 오히려 그 일을 하면서 힘이 솟을 테죠.

구체적으로 어떻게 해야 하느냐고요? 우선 일상적으로 하는 일을 한 가지 고릅니다. 예를 들어 식기세척기에서 다 씻은 그릇을 꺼내는 일로 결정했다면 이번엔 온 정신을 집중해서, 의식적으로, 다른 데 한눈팔지 않고 오로지 그 작업에 몰두하는 겁니다.

본인의 움직임을 느껴보세요. 그릇의 촉감을 느껴보세요. 그릇이 서로 부딪치는 소리를 들어보세요. 모든 감각을 활짝 열고 작업에 집중하다 보면 평소와는 다른 기분이 들며 물 흐르듯 자연스럽게 일할 수 있습니다. 일단 시도해보고, 그 다음에는 일주일 동안 같은 작업을 반복하세요.

나에게 던지는 질문

- ☑ 손으로 하는 일 중 어떤 것을 할 때 가장 신이 나나요? 어떤 일을 할 때 마음이 가장 평온해지나요?
- ☑ 열 살 어린이일 때 어떤 여가 활동이 가장 즐거웠나요? 스무 살일 때는 어땠나요?
- ☑ 예전에 즐기던 취미 중 어떤 것을 기꺼이 다시 해볼 생각인가요? 그 취미를 일상으로 만들 계획인가요?

새로운 활동에 도전하고 싶다면

밀키트

"누구나 쉽게 만들 수 있어요!" 대부분의 요리책에 씌어 있는 말이지만 현실은 그렇지 않습니다. 어떤 사람들은 요리를 하다가 조금만 예상에서 빗나간 일이 벌어지면 금세 당황하고 맙니다. 간단하게 요리를 완성하고 싶다면 밀키트의 도움을 받는 것도 좋아요. 밀키트를 주문하면 일주일에 몇 차례 손질된 재료와 레시피가 집으로 배송됩니다. 혹은 마트에서 판매하는 간단한 반조리식품을 구매하는 것도 괜찮은 방법입니다. 이렇게 마음의 문턱을 낮추면 실패할 우려 없이 '요리 공포증'을 극복할 수 있지요.

DIY 키트

밀키트와 마찬가지로, 뜨개질이나 바느질, 다양한 수공예품을 손쉽게 만들 수 있는 여러 가지 키트가 있습니다. 솜이나 천, 바늘 같은 필요한 도구들이 들어 있고, 설명서에 따라 완성품을 만들 수 있지요. 시중에 다양한 키트가 판매되고 있으니 목공예 제품부터 뜨개질 소품까지 다양한 상품 중 원하는 것을 선택해보세요. 여러 가지를 경험해보다 한 가지 활동에 정착해도 좋습니다.

창의적 글쓰기

글쓰기나 이야기를 만들어내는 것을 좋아한다면 글쓰기 교실에 참가해보세요. 찾아보면 정말 다양한 글쓰기 강좌가 많아요. 글쓰기나 창작에 관한 책을 읽어봐도 좋습니다. 개인적으로는 줄리아 캐머런Julia Cameron의 『나를 치유하는 글쓰기』라는 책을 추천합니다.

#Monthly Challenge

March

3월

먹고, 마시고,
나를 사랑하라

다이어트 대신 직관적 식사

▷▷▷▷▷

'직관적으로 먹기'는 자기돌봄에 있어 아주 중요한 부분이야. 의식적으로, 즐기면서, 집중해서 먹는 것만으로도 자기돌봄이 가능하거든.

우선 며칠 동안 네 식습관을 살펴보도록 해. 애써 바꾸려 하지 말고, 평소의 식습관을 기록하는 거야. 그러면서 배고플 때와 배부를 때의 감정을 관찰해봐. '직관적 식사'에 관한 책을 출간한 생태영양학자는 "식사 전의 적당한 허기와 식사 후의 포만감은 누릴 가치가 있는 감각입니다."라고 말하기도 했단다. 무엇을 먹고 싶은지 느끼고 음식을 즐겨봐. 혼자 집중할 수 있는 조용한 곳에서 먹는 게 중요해. 그래야 언제 포만감이 느껴지는지 알 수 있거든.

직관적으로 먹기는 다이어트 방법이 아니야. 그러니 식단 조절을 할 필요는 없어. 그저 네가 먹고 싶은 걸 먹으면 돼. 다만 레토르트 식품이나 가공식품은 피하는 편이 좋아. 이런 식품은 조미료 맛과 인공적인 향이 너무 강해서 허기와 포만감을 제대로 느끼는 데 방해가 되거든. 이것저것 생각하기 귀찮다면 본능에 따라 무엇을 먹을지 정해봐. 천천히 먹고, 음식을 즐기는 시간을 가져보길. 그럼 맛있게 먹어!

March

안네에게

너도 어렸을 때 〈바람과 함께 사라지다〉를 좋아했니? 지금 다시 보면 인종차별과 뒤떨어진 여성상 때문에 도저히 견디기 힘든 영화지만, 아직도 가끔 떠오르는 장면이 있어. 스칼렛 오하라가 황폐한 땅에서 주먹을 불끈 쥐고 남부의 하늘을 향해 소리치는 장면이야. "다시는 굶주리지 않겠어!" 정말 굳건한 맹세 아니니? 당시의 나도 그 맹세를 본받기로 결심했지.

벌써 30년 가까이 지났지만, 그 영화가 제1세계의 문제를 다루었다는 기억은 아직도 생생해. 호화로운 것들에 둘러싸여 이상적인 몸매를 만드는 데 열중하는 태도. 왠지 익숙하지 않니? 아직도 몸무게에서 자존감을 찾는 사람이 많잖아.

1990년대 초반에는 자아가 극대화되기 시작하면서 다양한 라이프 스타일이 빠르게 퍼졌어. 특히 여러 다이어트 방법이 유행했고, 그만큼 강박을 느끼는 사람도 늘어났지. 당시에 나는 걸어다니는 칼로리 계산기였어. 건강한 다이어트 식단과 건강하지 않은 다이어트 식단을 모두 섭렵했고, 항상 주린 배를 움켜쥐고 잠자리에 들곤 했어. 그리고 눈을 뜨면 다시 건강하지 않은 식단을 먹으며 생활하는 거야. 요요가 오기 딱 좋은 방법이었지. 하지만 그 누구도 섭식장애라는 말을 입에 담지 않던 시절이야. 결국 나는 적당히 말라 보일 때까지 살을 뺐어. 다행히 거식증에 걸리지는 않았지만, 그때는 오로지 먹는 걸 줄이는 방법으로만 살을 빼려고 했던 것 같아. 내 친구들도 마찬가지였고.

그땐 그게 정상인 줄 알았어. 어느 날 저녁 아무 이유 없이 거울을 보고 서 있다가 번개라도 맞은 듯 정신이 번쩍 들기 전까지 말이야. 내가 그때 하던 짓은 스스로를 학대할 뿐만 아니라 엄청난 에너지를 낭비하는 행동이었어. 말하자면 난방 온도를 제일 높게 맞춰두고 창문을 활짝 열어놓는 짓이랄까. 내 몸은 케이트 모스 같은 모델과는 달라. 그걸 깨달은 순간부터 그냥 생긴 대로 살기로 마음먹고 에너지를 다른 데 쏟기로 결심했어. 예를 들어 나를 사랑하는, 아니면 적어도 좋아하는 방법을 배우는 데 말이야. 내 몸을 보고 온갖 흠을 잡아대던 남자들은 무시하기로 했어. 몸매로 남을 평가하는 인간들은 상대방이 어떤 생각을 하는지보다 그 사람의 허리둘레에나 더 신경을 쓰겠지.

지금 생각하면 언젯적 얘기인가 싶지? 내가 그때 깨달은 것은 요즘 보디 포지티브Body positive*라고 부르는 개념이야. 우리의 아름다움은 BMI 지수나 옷 치수로 정해지는 게 아냐. 1993년에는 그랬을지 몰라도!

당시의 나에게는 혁신적인 생각이었어. 다시는 다이어트를 하지 않으리라 결심했고, 몸무게를 재는 것도 그만뒀어. 그래도 몸이 많이 바뀌지는 않더라고. 대신 몸무게에 일희일비하고, 칼로리를 계산하며 스트레스를 받고, 이걸 먹으면 살이 찔까 두려워하던 나는 사라졌어. 몸매에 대한 강박에서 벗어나자 머리가 싹 비면서 더 중요한 것들을 생각할 수 있게 됐지. 그로부터 10여 년 후에 나는 첫 아이를 가졌고, 그때는 다시 체중계를 가까이했어. 아이를 간절히 원했던 터라, 배 속 아기가 자라면서 몸무게가 늘어나는 게 정말 즐거웠거든. 임신했을 때는 '먹덧' 때문에 평소 잘 먹지도 않던 게 먹고 싶어지기도 했어. 바로 기름기가 줄줄 흐르는 소시지 말이야! 내가 아니라 아직 배 속에 있던 딸이 원한 음식이었지. 딸은 지금도 나와 달리 베이컨이나 미트볼 스파게티를 좋아한단다.

그때 다이어트를 그만둔 이후로 '먹기'라는 주제에 관해 골똘히

---

* 자기 몸 긍정주의. 자신의 몸을 있는 그대로 사랑하고 가꾸자는 운동. _역주

생각해본 적은 없지만, 그래도 호기심은 있어. 요즘 신진대사가 20대나 30대 중반 때와는 확연히 달라졌거든. 자연스럽게 먹는 것에 관심을 가질 수밖에 없는 상황이지. 그동안 유행한 저탄수화물 식단이니 클린 이팅Clean eating*이니 팔레오Paleo**니 하는 다양한 식이요법에 저절로 관심이 가더라.

직접 만들어 먹을 때의 즐거움

내가 여전히 먹기에 주의를 기울이는 이유는 그뿐만이 아니야. 나를 포함해 우리 식구 넷을 위한 식단을 직접 짜고 음식을 만들어 내는 게 엄청난 도전 과제라는 것도 한몫하지. 우리 집 사전에 "주는 대로 먹도록!"이라는 말은 없어. 모든 가족 구성원의 메뉴를 통일하기보다는, 기호를 존중하는 편이지. 예를 들어 아이들은 원한다면 언제든 소시지를 추가로 먹을 수 있어. 일주일 내내 좋아하는 음식만 먹으려고 해도 상관없고 말야. 마음이 행복한 게 더 중요하니까. 접시가 깨끗하게 비워질 때까지 음식을 전부 먹지 않아

* 최대한 자연 상태에 가까운 식재료를 섭취하는 식이요법으로, 자연과 몸을 건강하게 가꾸기 위한 방법 중 하나. _역주

** 구석기 시대의 섭식 양상을 추정해 원시적인 식생활로 돌아가자는 내용을 골자로 한 식이요법. _역주

도 괜찮아. 다만 아이들이 단것만 먹지 않도록, 그리고 가끔은 채소도 먹도록 도와주기는 하지.

사람들은 함께 모여 식사하기를 즐기지. 아주 좋은 습관이야. 하지만 가족과 함께 식사할 때면 난 내가 좋아하는 것보다는 좋아하지 않는 것을 더 자주 먹을 수밖에 없어. 채소 대신 미트볼을, 그래놀라 대신 푸딩을 더 자주 먹곤 하지. 매일 전화번호부처럼 두꺼운 중국 음식점 메뉴판을 뒤적이며 배달 음식을 시키거나 특정 음식만 남겨 식재료를 낭비하고 싶지 않거든. 남은 음식을 얼른 먹어치우지 않고 며칠 동안이나 놔뒀다가는 무슨 일이 생기는지 누구나 잘 알잖아? 그래서 난 아이들이 먹고 싶어 해서 만들었다가 남아 냉장고에 넣어뒀던 미트볼 스파게티나 으깬 감자 같은 걸 먹어치우곤 해.

우리 가족에게 함께 모여 식사하는 시간은 아주 중요해. 같이 TV를 보며 식사하는 일도 드물지 않아. 게다가 내가 집에서 일하기 때문에 썩 맛있지 않은 패밀리 레스토랑에 가거나 위생이 걱정되는 슈퍼마켓 포장 샐러드에 의존하지 않아도 되지. 아마 맞벌이 가정이라면 어쩔 수 없이 골라야 하는 선택지일 거야. 식탁 맞은편 자리에 아주 좋은 롤모델이 앉아 있다는 점도 마음에 들어. 바로 내 남편이야. 남편은 이제 50대 중반인데 아직도 20년 전에 입던 청바지를 입을 수 있을 정도거든. 스포츠를 즐기거나 식단을 철저하게 관리하는 편이 아닌데도 말이야. 아마 평생 동안 칼로리의 '칼' 자도 생각해본 적 없을 걸? 딱 한 가지, 남편만의 식습관이 있는데 배가 부르면 곧바로 수저를 놓는다는 거야. 그리고 나랑 달리 남편은 간식에 관심이 없어. 커피를 마실 때 쿠키를 곁들이지 않고, 와인을 마실 때도 치즈나 크래커를 먹지 않거든. 나도 남편을 따라 해볼까 싶어.

지금까지 과거의 나의 식습관이나 음식에 대한 생각을 살펴봤다면 이제 이번 달의 모험을 시작할 차례야. 수십 년 만에 처음으로 나는 다시 식단에 관해 열심히 생각하기로 했어. 물론 예전과는 다르지. 식단을 제한해 몸을 혹사하려는 게 아니라, 자기돌봄을 위해 음식과 먹는 행위를 고찰하는 거니까. 살을 빼는 게 중요한 게 아니라(물론 이번 달 미션을 진행하면서 자연스럽게 살이 조금 빠진다면야 감사한 일이겠지만!) 내 몸의 감각과 나만의 욕구, 스스로에 대한 애정을 떠올리는 것이 중요할 거라고 봐.

허기와 포만감을 관찰하기

두근, 두근, 두근. 몸속에서 심장이 열심히 제 할 일을 하며 뛰고 있어. 그 덕분에 난 살아 있고. 심장이 평소보다 빨리 뛸 때의 기분이 어떤지도 잘 알고 있어. 운동을 할 때, 혹은 버스를 잡으려고 뛸 때를 떠올리면 되지. 하지만 아침 7시, 식탁에 앉았을 때는 아무것도 느껴지지 않더라. 일부러 숨을 참아보았지만 아무 성과도 없었지. 내 마음에 귀 기울이기라……. 지금의 나에게는 크게 와닿지 않는 말인 것 같아.

몇몇 영양학자에 따르면 심장박동은 신체감각에 중요한 역할을 한다고 해. 심장박동이라는 신호를 잘 포착하는 사람은 식욕 또한 잘 제어할 수 있대. 그런데 평소와 똑같은 아침 식사 메뉴(과일, 그래놀라, 요거트, 카페라테)를, 그리고 옆에서 벌써 바삭거리는 소리를 내며 토스트를 먹는 남편과 딸을 멍하니 바라보고 있자니 갑자기 생소한 감각이 느껴졌어. 그때 내가 느낀 건 심장박동이 아니라 '배고프지 않다'는 감각이었어. 전혀, 조금도 배가 안 고팠어.

별로 놀라운 일은 아냐. 원래도 이 시간에는 그다지 배가 고프지 않거든. 오히려 아침을 먹든 먹지 않든 10시 정도가 되면 배가 고파지곤 해. 난 식욕은 없지만 아침 일찍 남편과 딸과 함께 식탁에 앉아 뭐라도 먹으려고 했어. 이유는 간단해. 아침에 식사를 한 번 더 차리는 것보다, 그냥 다 같이 먹어야 시간을 절약할 수 있으니까.

조금 더 집중하자, 배가 고픈 것도 부른 것도 아닌 중간 정도의 감각이 느껴졌어. 다시 말해 아리송한 감각이었어. 어떻게 해야 할까? 사실 곧바로 식습관을 바꿀 필요까지는 없었지만, 그때는 식욕도 없는데 그래놀라를 뒤적거리고 싶지 않았어. 그래서 과일이나 조금 먹고 말자고 생각했는데, 갑자기 그 상황이 만족스러우면서 동시에 짜증이 나는 거야. 만약에 가족들이 모두 자신이 좋아하는 것만 먹고, 각자 편한 시간에 먹으려고 한다면, 앞으로 함께 식사하는 시간을 포기해야 할지도 모르잖아? 다 함께 모여 식사하는 건 나에겐 꽤 중요한 의식인데, 그걸 포기할 수 있을까?

합의점을 찾을 수도 있겠지. 이른 아침에는 차나 커피만 마시고, 10시쯤 그래놀라를 먹는 식으로 말이야. 어차피 나는 집에서 일하니까 남 눈치 볼 필요 없이 아무 때나 쉬어도 되거든. 하지만 지금은 변화를 일으킬 때가 아니라 그저 관찰하고 기록할 때라 여기고, 곧장 행동에 나서지는 않았어.

그로부터 사흘이 지나자 몸의 감각을 느끼는 데 조금씩 익숙해졌어. 아까 말했듯이 격하게 움직일 때가 아니면 심장박동을 느끼기는 쉽지 않지만, 허기는 점점 더 명확하게 느껴지더라. 그러자 여태까지 고수해온 식습관이 사실 나와는 잘 맞지 않는다는 걸 깨달았어. 일단 나는 점심시간쯤 돼야 배가 고파지는 사람이야. 지금의 아침 식사 시간이 나에겐 너무 이른 거지. 반대로 저녁 식사 시간은 너무 늦어서, 항상 속이 더부룩한 상태로 잠자리에 들곤 했어. 이런 사실을 어렴풋이 알면서도 오랜 시간 무시해왔던 것 같아. 이제는 내 직감을 등한시하지 말아야겠어.

여태까지 나와 맞지 않는 식습관을 따르고 있었다는 건 나와 우리 가족 모두에게 안타까운 소식이야. 아침과 저녁을 함께 먹는 건 가족회의를 거쳐 결정한 규칙이거든. 그렇다면 자기돌봄과 가족 간의 화목함 사이에서 선택을 해야만 하는 걸까? 함께 식사한다는 건 서로를 연결하는 사회적인 의식이나 마찬가지잖아. 난 남편이나 아이들과 집만 공유하는 룸메이트처럼 살고 싶진 않거든. 내 식습관이 나와 안 맞는다는 걸 깨달았지만 그걸 굳이 바꾸긴 싫더라고.

긍정적인 측면도 있었어. 스스로를 탐색하던 중에 고치기 쉬운 나쁜 습관 하나를 발견했거든. 내가 생각보다 군것질을 많이 하더라고. 심지어 무의식적으로 계속 군것질거리를 찾아 먹더라니까. 이메일 좀 쓰는 동안 대체 누가 쿠키를 전부 먹어치웠나 했더니 바로 나였어. 군것질을 하더라도 조금 더 의식적으로, 쿠키 한 상자를 전부 먹는 대신 두 조각만 꺼내서 커피와 함께 즐기는 정도가 딱 적당할 거 같아. 그러면 그 시간을, 그리고 커피와 쿠키를 더 제대로 즐길 수 있을 듯해. 초콜릿을 먹을 때도 작은 조각을 천천히 녹여 먹으며 맛을 즐기고, 과자 한 조각이 입 안에서 잘게 부서지는 과정을 음미할 수 있겠지.

그렇게 계속 며칠을 보내자 허기와 포만감의 주기가 명확하게 느껴졌어. 그리고 의식적으로 먹기 시작하자 배가 터질 것처럼 부르거나 당이 떨어지는 게 느껴질 정도로 배고픈 일이 줄어들었지.

특히 충분히 운동하거나, 시간을 내서 조깅을 하거나, 자전거를 타는 등 몸을 움직일 때는 허기와 포만감에 더 집중할 수 있었어. 그리고 중간중간 일을 하면서 모니터만 노려보며 앉아 있는 대신, 자리에서 일어나 발코니에서 햇볕을 쬐기도 하고 딸기를 먹기도 했단다. 이른 봄에 나오는 하우스 딸기도 맛이 꽤 좋더라고.

창의력이 샘솟는 직관적 장보기

엄마로서 꾸리는 식탁과 나만을 위한 식탁 사이에서 균형을 잡아가며 음식을 즐기는 건 매우 중요한 일이야. 평소 생활을 관찰해보니 나도 음식을 즐기는 시간이 그리 길지 않더라고. 그래서 요즘 '직관적으로 먹기'를 강조하는 전문가들이 먹을 때뿐만 아니라 식재료를 사러 갔을 때도 모든 감각을 열어두라고 조언하나 봐.

식재료를 자세히 살펴보면 평소에 못 보고 지나치던 재료들도 눈에 띄어. 다른 곳은 쳐다보지도 않고 기계적으로 카트를 채워가는 장보기에서 벗어나야 해. 장을 보러 갔을 때 습관적으로 하는 행동을 바꿀 수 있는 좋은 방법이 있어. 예를 들어 나는 평소 장을 보러 갈 때 냉장고에 어떤 재료가 남아 있는지, 가족 구성원 중 대다수가 좋아하는 것이 무엇인지, 어떤 음식 조합이 어울릴지 등을 생각하거든. 사실 가족 중에서 나의 존재감은 희미해. 편식도 안하고, 맛이나 조리법에 특별히 민감하지도 않아서 뭐든 잘 먹거든. 하지만 이번 달에는 조금 달랐어. 20년 전 싱글일 때는 했지만 이제는 하지 않는 것이 무엇인지 고민했거든. 바로 나의 입맛, 내가 좋아하는 음식을 생각하는 거야. 나는 어떤 맛을 좋아하고, 무슨 맛을 원하며, 무엇을 먹고 싶은가? 그렇게 스스로에게 묻자마자 평소에는 잘 사지 않던 재료를 카트에 담게 되더라고. 곡물 샐러드, 비트, 유기농 양젖 치즈, 용과, 그리고 호스래디시 소스였어. 오늘 점심은 초밥이야! 그리고 내일 아침에는 통밀 빵을 먹을 거야. 요즘 씹는 맛이 있는 음식을 못 먹은 지 꽤 됐거든. 통밀 빵을 꾸준히 식탁에 올리고 있지만 나 빼고는 가족들은 손도 안 대. 나 혼자 그 큰 빵 한 덩이를 다 먹을 수도 없으니 항상 남기거든. 가만히 생각해보니 빵집에서 소분한 통밀 빵을 파는 게 떠올랐어. 나를 위해 갓 구운 빵 몇 조각 정도는 살 수 있지.

카트를 밀며 슈퍼마켓을 누비다 보니 점점 자신감이 붙었어. 동시에 예전에 유행했던 퀴즈가 생각났지. 양과 늑대, 그리고 양배추를 배에 싣고 강을 건너야 한다는 퀴즈야. 배에는 동물 두 마리와 양배추를 모두 실을 자리가 없어. 그래서 차례대로 옮겨야 하는데, 양과 양배추를 함께 두면 양이 양배추를 전부 먹어버리고, 양과 늑대를 함께 두면 늑대가 양을 잡아먹는 상황이지. 이 퀴즈처럼, 엄마로서 가족의 식사를 책임져야 하는 나와 '내 배는 내 거니까 나도 먹고 싶은 걸 먹을 거야'라고 생각하는 나 사이에서 계속 오락가락했어. 이번 달의 미션을 어떻게 장기적으로 끌고 갈 수 있을까? 이미 가족들 신경 쓰느라 바쁜 이런 상황에서 말이야.

하지만 아무리 그렇다고 해도 전날 저녁에 먹고 남은 걸 점심으로 먹어치우기보다, 혼자 먹더라도 알차게 차려 먹는 편이 자존감과 만족감을 함께 높일 수 있을 것 같아. 아이들은 저녁에 각자 남긴 걸 데워 먹도록 하면 되겠지.

2주 정도 지났을 때 문득 우리 아이들이 좋아하는 음식은 대개 노란색, 갈색, 베이지색이라는 게 눈에 들어왔어. 애들은 주로 돈가스, 햄버거, 치즈 파스타, 푸딩 등을 먹거든. 반대로 내가 좋아하는 음식은 색이 다양해. 여름에는 오이와 토마토, 래디시 등을 넣은 샐러드, 가을에는 쨍한 주황색인 호박수프, 겨울에는 여러 색의 파프리카를 넣은 굴라시. 나는 내가 먹고 싶어 하는 것과 맛있다고 느끼는 걸 잘 알아. 다만 일상 속에서 타협하고 절충하느라 다채로운 색상을 즐기지 못했을 뿐이지. 음식에 색을 조금 더 추가하는 것만으로도 긍정적인 효과가 있을 거야. 영양학자들 또한 '무지개 색'을 전부 먹는 게 좋다고 말하잖아. 시각적으로나 영양학적으로나 다채로운 음식을 먹는 게 좋은 건 당연하지. 식단에 여러 색을 더하려고 시도하다 보니 창의력이 마구 샘솟는 느낌이었단다.

그리고 마침내 우리 가족 모두를 만족시킬 답을 찾아냈어! 다른 가족들은 저녁에 따뜻한 걸 먹고 싶어 하는데 나 혼자 샐러드를 먹고 싶다면? 그러면 따뜻한 카르보나라 스파게티를 세 접시 준비하고(혹은 가족들한테 식사 준비를 맡기고) 방울토마토와 노란 파프리카, 당근을 넣은 샐러드를 한 접시 준비하면 돼. 샐러드는 대부분 내가 먹고, 남편에게 조금 나눠주면 되니까. 대신 나는 샐러드에 양젖 치즈나 구운 생선 혹은 닭가슴살을 곁들이는 거지. 매일 가족과 다른 메뉴를 먹긴 어렵겠지만 계속 시도하면 될 거야. 그러면 속이 더부룩한 상태로 잠자리에 드는 일은 없어지겠지. 여전히 심장이 두근거리는 소리가 들릴 정도로 신이 나지는 않지만, 아무튼 이번 달 미션도 잘 진행되고 있는 것 같아.

자기돌봄을 돕는
간편 조리식품에 만세!

가끔 슈퍼마켓 진열대에서 이해할 수 없는 제품을 발견하곤 해. 대체 크래커를 왜 플라스틱 통으로 포장한 거지? 감자칩 포장도 마찬가지고. 비닐봉지에 든 세척 샐러드 채소는 또 어떻고. 통조림 같은 장기 보존식품이 이렇게나 많이 나와 있는 것도 이해하기 힘들어. 난 이런 종류의 음식들을 쓸모없는 물건이자 기업의 바가지

씌우기라고 생각하거든. 그래서 네가 내준 미션 중에 가공식품은 피하라는 얘기는 정말 식은 죽 먹기라고 생각했어. 일평생 통조림 가공식품이라고는 사본 적이 없으니까.

그런데 지금, 장보기 목록을 살펴보다가 갑자기 의구심이 들었어. 수많은 간편 식품이 끼어 있었거든. 유리병에 든 조미료 없는 수프나 소스도 빼야 할까? 아침 식사를 할 때 마멀레이드 없이 살 수 있을까? 냉동 파슬리나 3분 요리 같은 레토르트 식품도 전부 피해야 할까? 결정을 내리기 어려운 질문이야. 자기돌봄과 관련해서 서로 상충하는 내용이 포함된 얘기거든.

가족과 나 스스로를 위해 어떤 면에서 보나 건강하고 영양이 풍부한 음식을 준비하고 싶지만, 다른 한편으로는 장을 보고 음식을 하는 데 너무 많은 시간을 쏟고 싶지 않아. 가끔은 냉동 피자나 냉동 파스타, 유리병에 든 소스를 먹는 게 일상의 스트레스를 낮추는 데 도움이 되지. 그래서 이 문제에 대해 진지하게 다시 생각해봤어. 내가 내린 결론은, 간편 식품 중 어떤 것들은 총체적인 자기돌봄에 속한다는 거야. 장을 보다가 지적인 이야기를 주저리주저리 늘어놓고 싶진 않으니 여기까지 해야겠어.

지난 한 달 동안 더 큰 행복을 느끼기 위해, 그러면서도 여태까지의 습관을 포기하지 않으려고 많은 선택을 한 것 같아. 대부분의 과정은 물 흐르듯 지나갔어. 나의 직감을 신뢰하고, 스스로에게 더 많은 권한을 주며, 정성들여 요리하고, 다양한 음식 조합을 생각했지. 가족들, 특히 아이들에게 직접 음식을 하라고 시키기도 하고 말이야.

미션을 거치는 동안 모든 미션들에 공통점이 있다고 느꼈어. 어떤 미션을 수행하든 자신의 몸을 집중해서 느껴야 했으니까. 우주에 나가서도 계속해서 "본부, 문제가 생겼다!"라거나 "본부, 실험은 잘되고 있다!"라는 식으로 지구의 본부와 교신하는 우주인처럼 말이야. 평소에는 내 몸에 그다지 주의를 기울이지 않고 살았어. 몸보다는 머릿속이나, 아니면 외부적인 것들에 집중했지. 그러다 보니 말 그대로 나를 살아 있게 하는 존재에는 소홀했던 것 같아. 그랬던 내가 몸에 집중했다는 것만으로도 이번 여정은 가치가 있다고 봐. 칼로리에 대한 집착을 버린다고 해서 우리 몸을 방치하라는 뜻은 아니니까. 스스로의 몸을 비판적으로 바라보지 말고, 배려심이 넘치는 친구처럼 바라봐야 해.

우리, 다음에 만나면 할 일이 벌써 정해진 것 같아. 먹으러 가는 거야! 내가 쏠게.

베레나가

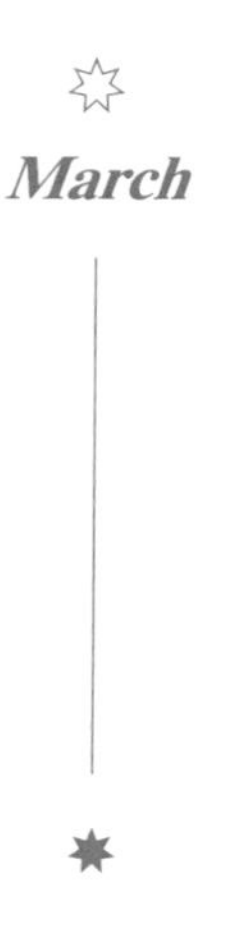

베레나에게

독일인의 80퍼센트가 2년에 한 번은 다이어트를 한다는 걸 알고 있니? 게다가 전체 인구의 절반 정도가 자기 몸무게에 만족하지 못한대. 또 다른 연구에 따르면 특히 여성들은 70살이 될 때까지 인생의 평균 6년 정도를 다이어트하며 보낸다더라. 이 연구 결과가 얼마나 정확한지는 검증하기 어렵겠지만, 어쨌든 상당히 많은 사람들이 언제, 무엇을, 어떻게 먹어야 살이 빠질지 고민하는 건 사실이야. 초 절식, 즉 칼로리를 극도로 제한하는 다이어트가 건강에 좋지 않고 다이어트에도 별 도움이 안 된다는 걸 익히 알면서도 관심을 보이는 사람이 많다는 건 경각심을 가져야 할 문제라고 봐. 그래서 요즘 초 절식 다이어트와는 반대되는 식이요법이 등장한 게 참 다행이라고 생각해. 그중 하나가 바로 직관적으로 먹기야. 본인이 먹는 음식, 그리고 음식을 먹었을 때 몸에서 일어나는 변화를 관찰하고 그것이 얼마나 중요한지 인식하는 과정이지.

직관적 식사를 하는 방식은 여러 가지인데, 핵심은 자율적으로 얼마나 즐길 수 있을지를 고려해 음식을 선택하는 거야. 그리고 음식을 먹으면서 몸이 보내는 신호를 파악해야 해. 내 몸이 나에게 건네는 말을 귀 기울여 듣고, 몸이 필요로 하는 것이 무엇인지 의식하면, 언제 음식을 앞에 두고 스트레스를 받는지, 또 언제 외롭거나 지루하다고 느끼는지를 잘 알게 돼. 이런 과정은 살을 빼고 싶든, 몸매를 유지하고 싶든, 더 건강하게 먹고 싶든, 음식을 섭취함으로써 스스로의 몸을 보살피고 싶든 상관없이 우리가 살아가는 데 큰 도움이 되지. 나만의 주관적 생각이 아니라 과학적으로도 대다수의 전문가가 동의하는 의견이야. 안할트 대학교의 영양학자 카트야 크뢸러Katja Kröller는 식생활 개선을 위한 영양 상담 노하우를 몇 년 동안 연구했어. 그 결과 그저 기계적으로 '이상적인' 식단을 읊는 것보다 개개인의 개성과 심리적 요소를 고려한 식생활 계획을 만들어주는 게 중요하다는 걸 깨달았다고 해. 예를 들어 육식이 자아정체성의 일부분이라고 생각할 정도로 육류를 즐기는 사람에게 채식주의 식단을 강요할 수는 없다는 말이야. 그리고 하루에 특정한 양의 칼로리를 섭취하라고 조언하는 것도 도움이 안 돼. 그보다는 일상생활 중 어떤 상황에 좌절하거나 스트레스를 받는지, 언제 습관적으로 과자나 단 음료를 먹고 마시는지 스스로 깨닫도록 돕는 게 중요한 거야.

직관적으로 먹기를 연습하면서 사람들은 "내가 맛있다고 느끼는 게 뭐지?"라고 스스로에게 묻게 되지. 더불어 언제 자신이 음식을 그저 기계적으로 입에 넣는지, 언제 어떻게 자신의 몸과 영혼을 다독이는 음식을 먹을 수 있을지 생각하게 돼.

마음챙김 식사에 관한 책을 다수 집필한 미국의 작가 수전 앨버스Susan Albers는 단것이 당기거나 특정한 음식이 먹고 싶다는 생각이 드는 건, 그 순간 정말로 원하는 것과 연관이 있다고 말했어. 자신이 진정으로 원하는 것, 예를 들어 안정이나 타인과의 연결, 다정함, 위안, 기분 전환 등을 얻을 수 있다면 음식으로 보상하는 습관을 버릴 수 있다는 뜻이야. 너의 경우 스트레스나 감정 기복 때문에 폭식을 하는 스타일은 아닌 것 같아 다행이지만, 연구에 따르면 전체 인구의 30퍼센트 정도는 스트레스를 받거나 기분이 나쁠 때 습관적으로 스파게티나 감자칩, 초코바 같은 것을 먹는대. 평생 동안 비만과 싸우는 사람들 중 대부분이 이렇게 감정에 따라 충동적으로 먹는 사람들이야. 그래서 직관적으로 먹기, 그리고 마음챙김 식사에서 강조하는 것 중 하나가 음식이나 먹기와 관련이 없는 부분에서도 스스로를 돌보고 보살피는 행동을 하라는 거지. 몸과 마음을 챙기며 먹으려면 우선 식단을 극단적으로 제한하지 말아야 하고, 아이스크림 같은 군것질거리를 많이 먹었을 때 자책하거나 후회하지 않아야 해.

스스로에게 관대해지고 자유를 베풀면 음식을 조금 더 편안한 마음가짐으로 바라볼 수 있을 거야. 너는 가족들이 좋아하는 음식은 물론이고 네가 좋아하는 음식도 식탁에 올리려고 노력했지. 아주 좋은 시도였다고 생각해. 네가 원하는 것을 더도 말고 덜도 말고 다른 가족 구성원들이 원하는 것만큼 소중하게 여기는 행동이니까. 지난 저녁에 먹고 남은 음식을 의무감에 먹어치우는 행동을 그만둔 것도 좋았어. 우리는 음식을 먹으면서 즐겁고 행복한 기분과 건강한 영양분을 얻어야 해. 여러 실험 결과에 따르면 좋아하는 음식을 즐기는 마음으로 먹는 사람은 그렇지 않은 사람보다 칼로리를 덜 섭취하고, 포만감이 들면 금방 수저를 놓는다고 해. 자신이 선택한 음식을 즐겁게 먹는다는 사실 덕분에 금방 배가 부르고 만족스러운 거야. 그래서 좋아하는 음식을 먹는 게 매우 중요해. 먹어서는 안 되는 음식이나 식재료 목록을 작성할 필요도 없어. 칼로리에 신경 써야 하니 앞으로 쿠키나 감자 그라탱, 견과류를 먹지 않겠다는 다짐이 과연 우리에게 얼마나 도움이 될까? 그렇게 식단을 제한해봤자 압박과 스트레스만 느낄 뿐이야.

그렇다고 음식과 먹기라는 주제를 너무 과대평가해서도 안 돼. 영양학자들조차도 음식과 먹기가 삶의 전부라 생각하지 말라고 하거든. 건강하고 균형 잡힌 음식 섭취를 유일한 구원이라 여기기 보다는 다른 여러 건강 관리 및 마음챙김 연습의 한 종류라고 생각하는 게 나을 거야.

음식이 우리의 정체성을 구성하고 '구원과 영생'을 약속한다고 말하는 사람도 있지만, 그건 환상일 뿐이야. 그래서 이 책에서는 음식과 먹기라는 주제를 자기돌봄과 마음챙김의 수많은 측면 중 하나로 다뤘어. 일상에서 스스로를 더 돌보고 챙기는 방법을 배운다면 음식 때문에 스트레스를 받는 일도 줄어들 거야.

나도 당연히 너와 곧 맛있는 걸 먹으러 갈 날을 기대하고 있어. 여태 가본 적 없는 음식점에 가는 것도 멋질 거 같아! 그럼 곧 만나자.

안네가

일상 속에서 몸과 마음을 챙기며 먹기

음식과 먹기라는 주제에 있어서는 저마다 입장이 다를 수 있습니다. 어떤 사람은 살을 빼려고, 또 어떤 사람은 간식을 줄이려고, 혹은 가족들의 식성이 천차만별이라 고민 중이겠지요. 식단을 엄격하게 제한하거나 최대한 깨끗한 식재료를 먹으려고 노력하는 사람도 있습니다. 겉모습뿐만 아니라 내면까지 건강하게 만들기 위해서지요. 이처럼 사람들은 음식과 관련해 각기 다른 어려움을 안고 있습니다. 여러분도 저마다 고민이 있겠지만, 앞으로 더 직관적으로 몸과 마음을 챙기며 먹는 방법을 연습하고 허기와 포만감을 더 섬세하게 느끼면, 긍정적인 변화를 이끌어낼 수 있을 겁니다.

이미 여러 가지 연습 방법이 있다는 걸 눈치챘겠지요. 전문가들이 말하는 '마음챙김 식사'란 폭식이나 간식 섭취를 줄이고 더 즐겁게, 의식적으로 먹는 겁니다. 이건 누구나 할 수 있는 일이에요. 또 음식이나 영양 섭취에 과도하게 집착하지 않고 스스로를 돌볼 수 있는 일이기도 하지요.

앞으로 소개할 간단한 연습을 따라 하면 식사 시간을 더 즐겁게 보낼 수 있답니다. 시중에 직관적 식사와 관련된 책과 프로그램이 다수 존재하지만 대개는 너무 포괄적이거나 복잡하지요. 핵심은 허기와 포만감이라는 몸의 신호에 집중하고 그것을 객관적으로 파악하는 겁니다. 거기에 다양한 맛을 추구하고 통조림 음식 같은 보존식품을 줄이는 것만으로도 올바른 방향으로 한 발 더 나아갈 수 있어요. 만약 식습관을 180도 바꿀 수 있겠다거나 몸이 보내는 신호를 근본부터 새롭게 파악해야겠다는 생각이 든다면, 직관적 식사와 관련된 프로그램을 따라 하는 것도 도움이 됩니다. 이번 장의 마지막 부분에 전문가의 조언을 첨부해두었으니 참고하기 바랍니다. 직관적 식사나 마음챙김 식사는 남녀노소 누구에게나 동일한 효과가 있습니다.

음식과 감각에 집중하며 식사하는 연습

앞으로 며칠 동안 식사하는 속도를 늦추세요. 하루 세 끼 식사 중 적어도 한 끼는 혼자 조용히 있을 수 있는 곳에서 하는 겁니다. 식사하기 전에 주변을 깔끔하게 정돈하고, 식사할 때는 즐거운 마음가짐으로 음식과 먹는 행동에만 집중합니다. 어떤 맛이 나는지, 언제 포만감이 느껴지기 시작하는지 집중하세요. 배가 부르면 곧바로 식사를 중단합니다. 그렇다고 너무 느리게 먹을 필요는 없습니다. 그저 평소보다 조금만 늦추면 됩니다. 음식을 씹는 동안에는 수저를 내려놓기도

하고, 물을 조금 마시거나 평소보다 더 많이 씹는 식으로 속도를 조절하세요. 천천히 식사해야 한다는 강박 때문에 오히려 스트레스를 느껴서는 안 됩니다. 빈도에 집착할 필요도 없습니다. 일주일에 점심 두 번, 저녁 두 번 정도만 혼자 조용히 식사할 수 있는 환경이라면 그 순간에 집중하면 됩니다.

나에게 던지는 질문

- ☑ 좋아하는 음식은 무엇인가요? 그 음식을 언제 마지막으로 먹었나요? 그때 어땠나요? 그 음식을 다시 먹는다면 어떨까요?
- ☑ 지금까지 먹어본 적이 없거나 생소한 음식에 얼마나 자주 도전하나요? 만약 새로운 음식에 도전하는 빈도를 늘린다면 어떨 것 같은가요?
- ☑ 지금 내가 무엇을 먹는지, 맛이 어떤지 느끼지 못하고 그저 배를 채우기 위해 식사하는 경우가 잦은가요? 그런 습관이나 상황을 바꿀 수 있을까요?

나에게 맞는 '직관적 식사법' 찾기

마음챙김 식사

심리학자인 수전 앨버스는 식사 시간을 더 의식적으로, 그리고 만족스럽게 보내고 싶은 많은 사람들에게 현명한 조언을 담은 책을 썼습니다. 앨버스의 저서 『감정 식사』를 참고하세요.

직관적 식사

생태영양학자 마이케 에를리히만Maike Ehrlichmann은 여러 환자들이 직감을 갖고 식사할 수 있도록 다양한 방법을 고안했습니다. 그에 따르면 음식과 식사 시간에 집중하고 그것을 즐기는 것뿐만 아니라 포만감을 느끼고 건강에 유익한 식재료를 직접 골라 음식을 준비하는 과정 또한 중요하다고 합니다. 예를 들어 색이나 맛에 주의를 기울이는 것이지요. 다양한 색의 식재료가 포함된 음식을 먹으면 우리 몸이 필요로 하는 모든 중요한 영양소, 미량원소, 비타민을 섭취할 수 있습니다.

심리적 건강과 음식

많은 사람들이 자기도 모르게 고삐가 풀린 것처럼 폭식할 때가 있다고 호소합니다. 이런 행동이 잦아진다면 건강하지 않은 방향으로 나아가고 있다는 증거이지요. 폭식은 섭식장애의 일종입니다. 만약 식습관이 제어 불가능한 상태로 치닫고 있다는 생각이 든다면 직관적 식사와 마음챙김 식사를 연습하는 편이 좋습니다. 다만 경우에 따라 혼자 해결하기 어려울 때는 전문가의 도움을 받도록 하세요.

#Monthly Challenge

April

4월

더 큰 변화를 위한 첫걸음

✷

마음을 다해 휴식하기

▷▷▷▷▷

"현명하게 일하면 더 적게, 더 짧게 일할 수 있습니다."

현대적인 마음챙김 클리닉을 창시한 존 카밧진의 조언이야. 이번 달의 주제이기도 하지. 4월에는 어떻게 하면 더 안정적으로 집중해서 일할 수 있을지 알아볼 거야.

집중해서 일하려면 하루 시간표를 잘 짜두는 게 중요한데, 특히 규칙적인 휴식 계획을 세워야 해. 알람을 맞춰두고 한 시간이 지날 때마다 5분 정도 쉬어봐. 잠시 휴식을 취하는 동안 쓰레기통을 비운다든지 돌려두었던 식기세척기에서 그릇을 꺼내면서 일은 잠깐 잊도록 해. 휴식이란 말 그대로 스트레스와 긴장을 푸는 시간이어야 한다는 점을 명심하길.

중장기적 목표와 삶의 질을 고려했을 때, 중요한 게 무엇인지를 의식적으로 탐구하는 시간을 갖도록 해봐. 그게 바로 마음챙김을 위한 시간 관리법이니까. 깨끗한 종이에 내년의 직업적 소망이나 중요한 가치 세 가지를 적어보렴. 그리고 매일 아침 일을 시작하기 전에 5분 정도 혼자 조용히 그 종이를 들여다보며 소망이나 가치를 상기하는 거야. 매일 30분 정도는 네가 중요하게 여기는 가치를 이루기 위해, 혹은 손에 넣기 위해 노력하기 바랄게.

안네에게

프리랜서라는 건 참 괜찮은 직업 아니니? 이달 초 어느 수요일 오후에 너와 강변을 산책하면서 갑자기 든 생각이야. 새들이 봄의 노래를 지저귀는 동안 신선한 공기를 마시며 삶의 목표나 원동력에 관해 이야기할 수 있다니. 많은 사람들이 건물 안에 틀어박혀 모니터를 노려보거나 상사의 무의미한 명령에 따라 뼈 빠지게 일하고 있을 시간에 말이야. 다들 회사에 고용된 몸이니 어쩔 수 없겠지. 그런데 우리는 둘 다 프리랜서라서 우리가 원하는 시간에, 원하는 장소에서, 원하는 시간만 일할 수 있잖아. 심지어 하기 싫은 의뢰는 거절할 수도 있고, 상황에 따라 일을 많이 하거나 적게 할 수도 있지.

우리는 프리랜서니까 이론적으로는 자유롭게 일할 수 있어. 하지만 바로 다음 순간 이런 생각이 들었어. 프리랜서란 게 참 이상하지 않아? 항상 예측이 불가능하지만 그러면서도 의뢰받은 일들을 연이어 해야만 하고 계속해서 일할 수 있는 상태여야 한다는 압박을 느끼잖아. 유급휴가나 병가를 떠날 수도 없고, 회사로부터 생일 축하 꽃다발을 받지도 못하고, 커리어를 이끌어줄 선배도 없고, 자유의 대가로 불안정한 생활을 해야 하고…….

너와 함께 강가를 걸으며 이런 생각도 들었어. 세상에는 정말 다양한 직업이 있고, 그만큼 사람들의 능력도 제각각이잖아. 어떤 사람은 건축기사, 어떤 사람은 간호사, 어떤 사람은 회사 임원, 어떤 사람은 교사……. 그런데 직업이 다른 우리에게도 공통점이 있어. 지난 수십 년 동안 업무의 양과 강도가 크게 늘었다는 거야. 찰리 채플린의 영화 〈모던 타임스〉처럼 일터의 컨베이어 벨트가 점점 더 빨라지고, 우리는 거대한 기계에 빨려 들어가 언젠가 그 일부분이 될지도 모르는 위험에 처해 있달까.

신자유주의가 비정상적으로 빨리 성장했기 때문이라 할 수도 있겠지. 하지만 우리는 신자유주의의 성장에 감사해야 할지도 몰라. 부모님 세대보다 더 창의적이고 다양한 삶을 살게 됐으니까. 각자의 직업에 만족하기 위해 추구해야 하는 것이 무엇인지는 사람에 따라 달라. 결국은 성향의 문제라고 봐. 나는 안정성보다는 자유를 더 우선시하고, 천천히 나아가더라도 조바심을 느끼지 않는 사람이야. 예를 들어 인파 때문에 좁은 길이 막힐 때도 그냥 뒤에서 천천히 걸어가는 타입이지 재빨리 추월하는 타입은 아니야. 하지만 모든 사람이 그렇지는 않고, 애초에 그럴 수도 없지.

내 삶에서 가장 중요한 세 가지

엘베 강에 떠 있는 박물관 배*와 주위를 돌아다니는 갈매기를 보며 강가를 따라 열심히 걷는 동안 문득 이런 생각이 드는 거야.

"그런데 글을 쓰다가 5분씩 쉬어봤자 아무 의미가 없을 텐데?"

어쨌든 새로운 경험을 해보겠다고 나 스스로와, 그리고 너와 약속했으니 일단 도전해보기로 했어.

우리가 산책하며 나눴던 이야기 중 마음에 들었던 건 나의 원동력이 무엇인지를 명확하게 알아야 한다는 내용이었어. 너는 내게 본질적으로 중요한 것이 무엇인지 알아야 한다 했지. 그러면서 몇 가지 조언과 질문을 던졌잖아.

"지금 이 순간 삶에서 가장 중요한 것 세 가지를 적어보고, 최근에 가장 만족했던 적이 언제인지 떠올려봐. 반대로 부족한 게 뭔지도 생각해봐. 일과 사생활 양쪽에서 각각 어떤 부분의 질을 높이고

---

* 교육, 기념 등의 목적으로 전시해둔 선박. _역주

싶어? 그건 결과적으로 무슨 뜻일까? 너에게 필요한 이 모든 것들을 간단하게 표현할 이미지나 상징이 있다면?"

그 말을 떠올리니 조금 감이 잡히는 것 같았어.

나에게 중요한 것은 우선 가족과 가족의 안녕이야. 둘째로 프리랜서 논픽션 작가라는 직업, 그리고 셋째로 나만의 작은 세상이지. 바로 내가 쓰는 소설 말이야.

난 아무리 바빠도 이것들을 위한 여유를 늘 마련해두는 편이야. 예를 들어 가족들과 수제 버거집에서 저녁 먹을 시간은 꼭 확보해두는 식이지. 지난 가을날, 우린 햄버거 가게 야외 차양 아래에 앉아서 그 위로 떨어지는 빗소리를 들었어. 서로 팔씨름을 해가며 장난을 치면서 시간을 보냈지.

작가로서 직업적인 성취를 이루어내는 것도 중요한 일이야. 섭외하기 어려운 인터뷰 대상자에게 보냈던 원고에 '오케이'를 받은 순간은 정말 짜릿한 감동이었어.

나만의 작은 세상에서 아무런 방해도 받지 않고 막 시작한 소설을 구상하느라 바쁜 시간도 나에게는 아주 소중해.

너에게 이렇게 설명하다 보니 나의 궁극적인 목표이기도 한 세 가지 개념이 꼴을 갖춘 거 같아. 바로 소속감, 존중, 그리고 가벼움이야. 사생활에서든 일에서든 삶의 원동력이 되는 개념이자 내가 가끔은 부족하다고 여기는 것들이지.

소속감이 중요한 이유는 프리랜서인 나에게 누구든 매몰차게 퇴짜를 놓을 수 있기 때문이야. 존중이 중요한 이유는 일할 때 긍정적인 피드백을 받지 못하는 경우가 빈번하기 때문이지(그리고 사생활에서는 애들이 사춘기라 내가 해주는 모든 것에 딴죽을 걸어오거든). 마지막으로 가벼움은 항상 일 더미와 집안일에 찌들어 있어 손에 넣기 어렵기 때문에 중요해.

아무튼 다음 주부터 네가 추천한 방법으로 일해볼 거야. 매일 일을 시작하기 전에 오늘 해야 할 중요한 일이 무엇인지, 그 일은 나의 본질과 어떤 연관이 있는지, 일과 나의 본질을 연결하려면 어떻게 해야 하는지를 생각할 거야. 물론 아무리 일을 깊이 들여다본들 갑자기 기적이 일어나진 않겠지. 나를 둘러싼 상황은 그대로일 테니까.

나만의 리듬으로 쉬어가기

그런데 첫 시도를 앞둔 일요일 오후, 덜컥 겁이 나더라고. 원대한 목표 때문이 아니라 사소한 것 때문이었어. 예를 들어 알람을 맞춰두고 한 시간마다 5분씩을 쉬어야 한다는 약속 말이야. 그 5분 동안 나는 말 그대로 아무것도 하면 안 되잖아. 해봐야 차를 끓이는 것 정도?

이건 내 하루 리듬과는 전혀 달라. 나는 집에서 일한 지 오래됐기 때문에 머리로 하는 일하고 손으로 하는 일을 번갈아 하는 나만의 리듬을 구축해뒀거든. 몇 페이지 정도 글을 쓰다가 자리에서 일어나 그동안 다 돌아간 빨래를 널고, 30분 정도 전화 인터뷰를 하는 일들을 반복하는 식이지.

원래의 리듬을 깨뜨리는 행위라 그렇잖아도 걱정인데 하필이면 4월 들어 처리해야 할 일들이 늘어났지 뭐야. 아마 대부분의 직장인들이 그렇겠지만, 한 해 혹은 한 시즌이 지나고 나서, 혹은 수주 계약을 한 건 마무리하고 나서 일이 몰려드는 바람에 단거리 선수처럼 달려야 하는 때가 있잖니. 1년을 놓고 보면 빠르게 달리는 기간과 느긋하게 걷는 기간이 균형을 이루기 때문에 별 문제가 없어. 그런데 나는 왜 하필 올해 4월에 경주마처럼 달려야 했던 걸까?

아무튼 이런 이유 때문에 일요일 저녁 조용히 일을 미리 시작했어. 이메일을 몇 개 보내고, 문서들을 확인해두면 월요일에 해야 할 일이 줄어드니까. 생물 시간에 다른 친구들은 다 생물의 기본 범주를 배우고 있는데 혼자 몰래 광합성 부분을 들춰보는 얌체 학생이 된 기분이었어. 물론 그렇게 하면 안 되는 건 아니지만 양심이 조금 찔렸지. 한 시간마다 5분씩 쉬어야 한다는 조건이 나에게는 압박으로 다가왔어. 마치 얼마 남지 않은 마감 기한이나 내 글을 마음에 안 들어하는 편집자 같달까. 딸이 물었어.

"엄마, 뭐 해?"

"내일 쉬는 시간을 지켜야 해서 오늘 미리 일을 해두는 거야."

"뭐? 그게 더 스트레스겠다."

세상에, 어찌나 똑똑한 아이인지.

일요일에 반칙을 한 덕분에 월요일 오전에 짬이 났어. 10시와 11시에 각각 5분씩 커피를 마시며 창문 밖을 내다보는 시간을 가졌는데, 솔직히 전혀 쉬지 못했단다. 오히려 글을 쓰느라 오랜 시간 집중하며 앉아 있다가 5분 쉬기 위해 자리에서 일어나는 게 깊은 바다에 잠수했다가 일부러 수면 위로 올라오는 거 같더라. 그것도 5분 머물다 다시 애써 잠수해야 하는 상황이었고. 짧은 휴식을 마치고 나면 매번 비어 있는 페이지에 다시 첫 단어부터 써넣어야 했어. 일이 잘 풀릴 때는 마치 글이 저절로 써지는 것처럼 타자가 쳐지는데, 시간에 맞춰 쉬려니 익숙한 리듬이 전부 깨지는 것 같았어. 잠시 쉬려고 창밖을 내다보면서도 다음 문장을 어떻게 써야 할지 생각하느라 바빴고. 일 때문이 아니라 쉬는 시간 때문에 더 지치는 기분이었지.

오후 4시에 다시 쉬려고 자리에서 일어나 좋아하는 음악을 크게 틀고 일이 아니라 다른 생각을 해보기로 했어. 그러기를 3분 30초. 그쯤 되니 애초에 나한테 다른 생각을 할 마음이 없는 건 아닌가 싶더라. 어쩌면 나한테는 일이 곧 휴식이자 재미인지도 몰라. 일이 아니라 휴식으로부터 멀어져야 하는 건지도 모른다고!

내가 쉬는 걸 오히려 어색하게 느끼는 데도 이유가 있어. 우선 잠깐 다른 데로 생각을 돌리거나 몸을 움직이고 난 뒤에 더 잘 풀리는 일이 있고, 그렇지 않은 일이 있거든. 교사이자 전 흡연자인 친구 하나는 학생들 답안지를 채점하면서 규칙적으로 '비흡연자 휴식'을 한다고 해. 그게 뭐냐면, 예를 들어 학생이 기상천외한 답안을 써 냈을 때 채점을 멈추고 마치 흡연자가 담배 피우는 시간을 내듯 잠시 휴식을 취하는 거야. 예전에 흡연자였을 때처럼 딱 담배 한 대를 태우는 시간만큼만 휴식을 취하면서 마음을 진정시킨다고 해. 물론 답안지 채점은 글쓰기와는 다르지. 이틀을 쏟아부어도 끝이 보이지 않는 글쓰기와 달리 언젠가는 끝나는 작업이니까.

또 다른 이유도 있어. 내가 집이 아니라 편집국이나 출판사 사무실 같은 데서 일했다면 한 시간마다 자리에서 일어나서 스트레칭을 하거나 먼 곳을 바라보는 휴식이 의미 있었을 거야. 하지만 집에서 일하면 굳이 의도하지 않더라도 가끔씩 몸을 움직일 일이 생기게 마련이거든. 빨래도 널어야 하고, 장 볼 목록도 정리해야 하고, 재활용품도 버려야 하니까. 집안일은 머리를 싹 비우고 몸만 움직이는 작업이라 한숨 돌리기에 제격이지. 몇 년 전에 엄마가 『리추얼』이라는 좋은 책을 선물해준 적이 있는데, 마치 내 이야기인 것 같았어.

마지막 이유는 내 업무가 계속 이어지는 즉흥극 같다는 거야. 어쩔 때는 밥 먹는 시간만 빼고 여섯 시간, 여덟 시간을 자리에 앉아서 내리 작업하기도 하고, 어쩔 때는 여행 기사를 위해 사진작가를 대동하고 멀리 떠나 숲속을 돌아다니거나 다양한 직업인들을 인터뷰하기도 해. 또 다른 때는 업무 관련 이메일을 오전 내내 다섯 통 넘게 써야 하고, 아이들 하교 시간이 당겨져서 점심을 차려야 할 때도 있지. 그리고 아들이 다음 날 제출해야 하는 숙제를 저녁 무렵이 되어서야 기억해내는 바람에 현재완료형과 단순 과거의 차이를 설명하느라 예상치 못하게 세 시간 정도를 보내기도 해. 그러다 보니 나는 정해진 시간만큼 일하고 정해진 시간만큼 휴식하기가 힘들더라고.

반이 비어 있는 컵
반이나 차 있는 컵

이제 이번 달 미션에서 마음에 들었던 부분을 이야기해볼게. 너도 내가 본질적인 것을 찾고 지키기 위해 하루 동안 어떤 과제를 수행했는지 궁금할 거야.

나는 어린이를 위한 라디오 드라마를 쓸 아이디어를 찾고, 가족 잡지에 기고할 글을 쓰기 위한 조사를 했으며, 우리 책의 일부분을 쓰기도 했어. 과연 이런 활동이 내가 바라는 소속감, 존중, 그리고 가벼움을 어느 정도까지 충족시켜줄까?

이번 달 미션을 시작하고 첫 일주일 동안 생각의 방향성이 조금 달라졌어. 원래는 반이 비어 있는 컵이라고 생각했는데 시간이 지남에 따라 점차 반이나 찬 컵이라고 생각하게 된 거야. 가끔 눈에 불을 켜고 내 원고에서 옥에 티를 찾아내려는 사람들을 만나곤 하는데, 그런 사람들은 아마 '욕하지 않으면 칭찬이지'라고 생각하는 부류일 거야. 반대로 유쾌한 농담을 나누며 정보를 공유하는 친절한 사람들은 나에게 가벼움을 선사하는 사람들이지. 편집회의에 항상 나를 초대해 소속감을 주고, 내 원고에 자세한 피드백을 주며 나를 존중해주는 편집자들처럼 말이야.

언제나 이해해주는 상대와만 일할 수는 없는 노릇이지. 그래도 우리를 끌어내리려는 사람의 말에 휘둘리기보다는 단단하게 뒷받침해주는 사람들과 좋은 관계를 유지하려고 노력하는 편이 나아. 그런데 일방통행만으로는 좋은 관계를 유지하기 어렵잖아. 그래서 2주차에는 매일 30분씩 시간을 내서 해야 할 일 리스트를 작성하고 친한 동료들에게 뜬금없이 감사의 이메일을 보냈단다. 당신의 꾸준함과 뛰어난 실력, 판단력과 침착함에 감사한다고 말이야. 진심을 담았기 때문인지, 아니면 이메일을 보내는 순간의 예감이 맞아떨어져서인지 모르겠지만 내가 날린 친절한 부메랑이 다시 나에게 돌아오더라고. 한 사람도 빠짐없이 나와 함께 일할 수 있어 기쁘다고 답장해줬거든. 1월에 명상을 하면서 나 자신과 좋은 친구가 되는 법을 배웠잖아. 똑같은 방법으로 주변인들과도 진정한 친구가 될 수 있어. 타인에게 긍정적인 신호를 보내면 그것이 다시 나에게 긍정적인 답으로 돌아오는 거야.

앞으로도 다른 사람에게 도움을 받거나 협업한 일이 잘 풀리면 꼭 고맙다고 말하려고. 상대방이 나를 무시한다면 마찬가지로 그에 대해 허심탄회하게 말할 거야. 일하는 재미를 뚝 떨어뜨리는 사람들과도 계속 연락할 만한 가치가 있는지 고민할 거고. 그래도 연락을 유지한다면 그건 아마도 공과 사를 엄격하게 구분해 따졌기 때문이겠지.

잠시 멈춰서야 보이는 것들

셋째 주와 넷째 주에는 일보다는 나의 내면에 집중해보기로 했어. 일할 때 나를 행복하게 만드는 것은 뭘까? 아침마다 나에게 중요한 것과 앞으로 나아가야 할 방향을 의식적으로 생각한다면 과연 무슨 일이 벌어질까? "먹고살 돈만 벌 수 있다면 다른 건 아무래도 좋아."라는 좌우명에 따라 스스로를 계속해서 몰아세워야만 하는 걸까? 아니면 내가 잘할 수 있는 일, 존중받을 수 있는 곳, 즐거워할 수 있는 일, 나에게 의미 있는 일을 찾아야 할까?

언젠가 지인이 바보같이 일하는 현대인의 초상을 인터넷에 올린 적이 있는데, 내 이야기인줄 알고 깜짝 놀랐잖아. 숲속에서 한 남자가 무딘 톱으로 굵다란 나무줄기를 베고 있었대. 그 옆을 지나던 여행자가 그 모습을 보고 톱날부터 가는 게 어떻겠냐고 말을 걸었어. 그러자 남자는 퉁명스럽게 대답했지.

"일이 바빠서 그럴 시간 없어요."

나도 가끔 그럴 때가 있어. 일을 잠시 멈추고 가만히 앉아 어떻게 하면 더 쉽게 처리할 수 있을지, 더 본질적이고 중요한 것이 무엇인지 생각하기보다 그저 미련하게 꾸역꾸역 일했거든. 사람들이 변명이랍시고 늘어놓는 말들은 어쩌면 그렇게 다들 똑같은지("그러기엔 난 나이가 너무 많아." "새로운 걸 배우기엔 늦었어." "그러기엔 돈이 부족해." 등등).

아주 인상적인 예시를 하나 들어볼게. 작가인 마이케 빈네무트Meike Winnemuth는 오래전부터 세계 일주를 떠나고 싶었대. 오랜 시간 동안 꿈만 꾸다가, 퀴즈 쇼 〈누가 백만장자가 될 것인가?〉에서 정답을 맞혀 50만 유로의 상금을 받았고, 드디어 그 돈으로 여행을 떠났지. 그런데 여행을 하면서 전혀 생각지도 못한 일이 벌어졌어. 놀랍게도 여행하는 동안 상금으로 받은 돈에 거의 손을 댈 필요가 없었던 거야! 여행지에서 우연히 돈을 벌 기회가 여러 차례 있었기 때문이었지. 그제야 깨달았대.

'꿈을 이루기 위해 그렇게 오래 기다릴 필요가 없었구나!'

세계 일주는 너무 거창한 예시인가? 그럼 조금 더 친숙한 이야기는 어때? 예를 들어 마흔 혹은 쉰이 넘어서 직업을 바꾼 사람들이나 개인 사업을 시작한 사람들, 혹은 무엇이든 새로 시작한 사람들 말이야. 나라면 어쩔까? 시간과 돈을 전혀 고려하지 않아도 된다면 나는 내 삶에서 무엇을 바꿀까?

일을 마치고 저녁 6시쯤에(정말 성스러운 시간이야!) 산책을 나가서 움트기 시작한 잔디의 싹과 막 기지개를 켜는 봄꽃을 바라보는데 문득 그런 생각이 들더라. 많은 것을 바꿀 필요는 없다고 말이야. 나는 이미 할 수 있는 일들을 잘 해내고 있고, 내 자리, 내 위치를 견고하게 지키고 있어. 앞으로 언제든 더 성장할 수 있겠지. 작은 변화만으로도 큰 효과를 얻을 수 있을 거야.

그래서 일로 만난 사람들에게 업무에서 가장 노력하고 있는 점이 무엇인지 물어보고, 내가 생각하는 그들의 장점을 말해준 다음 나에 대해서도 솔직하게 말해달라고 부탁했어. 구인 게시판을 찾아 거기에 올라온 공고를 읽기도 했지. 회사에 들어가고 싶어서가 아니라 그런 글을 읽고 난 후 어떤 변화가 일어날지 궁금했거든. 나는 어떤 구인 공고에 가슴이 뛸까? 그리고 한눈에 '이건 내 자리가 아니야'라고 느껴지는 곳도 있을까? 며칠 동안 구인 공고를 읽다 보니 대충 감이 왔어. 어떤 글을 보고는 '여긴 안 되겠다. 별 소득도 없는 프로젝트에, 품은 많이 드는 데 얻는 건 너무 적어. 내용 면에서든 금전 면에서든'이라는 생각이 직감적으로 들더라고. 예전 같으면 장점과 단점을 꼼꼼히 비교하느라 시간이 오래 걸렸을 텐데, 이제는 본질이 무엇인지를 아니 시간과 노력을 아낄 수 있었어.

네 번째 주를 마무리하면서 여러 가지 시도들을 해봤어. 우선 지난해의 벽걸이 달력을 샀단다. 철 지난 달력을 사기에는 너무 늦은 터라 문구점을 얼마나 샅샅이 뒤지고 다녔는지 몰라. 아무튼 운 좋게 구한 지난해 달력에 그때 진행했던, 그리고 지금까지도 진행 중인 장기 프로젝트를 모두 적어 넣었지. 그냥 알고 있는 것보다는 실제로 눈으로 보는 편이 훨씬 나으니까.

두 번째로 여태까지 교류가 깊지는 않았지만 내가 요즘 열정을 보이는 일들에 대해 열린 마음으로 이야기를 들어줄 사람의 목록을 작성했어. 난 항상 가까운 사람들이나 자주 연락하는 사람들과 이야기하며 '안전지대'에만 머무는 편이야. 그런 나의 평소 습관에 비해 이 시도는 시간과 에너지가 많이 필요한 일이었지. 한편으로는 이런 식으로 냉정하게 추려내고 보니 짐을 덜어낸 기분이기도 했어. 일에서도 마찬가지야. 어느 면으로 보나 내가 얻을 게 적은 일은 굳이 할 필요 없는 것 같아. 나에 대한 존중이 없고 재미도 없는 데다 보수까지 적은 일들 말이야.

마지막으로 주얼리 매장에서 이리저리 재거나 고민하지 않고 스스로에게 주는 선물을 샀단다. 목걸이를 하나 골라 계산할 때 점원이 물었어. "선물 포장 하시겠어요?" 나도 모르게 그렇게 해 달라고 말하고는 스스로도 깜짝 놀랐지 뭐야. 가게에서 나올 때는 반짝이는 포장지로 감싸고 화려한 리본을 두른 선물 상자를 손에 들고 있었어. 가끔 나만을 위한 선물을 사는 것도 멋진 '쉬어가기' 아닐까?

베레나가

베레나에게

네 편지를 읽기 시작하자마자 입가에 미소가 번지더라. 매일 일할 때 한 시간마다 5분씩 쉬는 방법이 너에게는 오히려 스트레스가 되었다니. 그 비생산적인 시간 동안 자기돌봄은커녕 오히려 마음이 뒤숭숭했겠구나. 더 나아지고자 한 시도가 어떤 사람에게는 그리 효과가 없는 경우도 종종 있어.

누군가에게는 한 시간마다 5분을 의식적으로 쉬는 방법이 기분 전환의 좋은 기회가 될 거야. 번아웃 예방 연구소를 설립한 워라밸 트레이너이자 작가인 헬렌 하이네만Helen Heinemann도 여러 세미나에서 이 방법을 적극 추천한 걸로 유명해. 이 미션의 숨은 의도는 아주 잠깐의 휴식이 회복에 도움이 된다는 사실을 깨닫게 하는 거야. 독일 연방 기관의 메타분석 결과에 따르면 일하다가 15분 이하의 짧은 휴식을 취했을 때 측정 가능할 정도로 뚜렷한 회복 효과가 나타났고 주관적인 행복도가 높아졌다고 해. 우리는 늘 한 달 정도 모든 의무를 벗어던지고 아무도 없는 무인도로 떠나 해먹에 드러누워 빈둥거리고 싶다고 간절히 바라지만, 사실은 아주 짧은 시간 휴식을 취하는 것만으로 신체적, 정신적 회복이 가능하다는 뜻이야.

일하는 동안 계속해서 긴장과 이완을 번갈아 하면 주말만이 아니라 평일에도 어느 정도 체력과 정신력을 회복할 수 있지. 단, 잠깐 쉬는 동안 앞으로 해야 할 일이 무엇인지, 다음 회의는 언제인지 생각하지 않도록 조심해야 해. 그보다는 자신의 현재 상태가 어떤지, 기분이 어떤지를 의식적으로 인식하는 편이 좋아.

노동심리학자인 안드레아스 크라우제Andreas Krause는 이런 '자기 관찰'이 일을 신중하게 바라보며 공과 사의 건전한 균형을 유지하는 데 매우 중요하다고 했어. 크라우제는 회사원이든 프리랜서든 거의 모든 노동자들에게 공과 사의 구분이 사라지고 있다며 우려했지. 건강한 삶의 리듬을 유지할 명확한 기준을 세워야 하는데, 그게 불가능해졌다고 말이야. 나와 인터뷰할 때 이렇게 말하기도 했어.

"일을 하면서 스스로의 건강을 의식하는 것이 점점 더 중요해지고 있습니다. 오늘날 우리가 말하는 자기돌봄은 수행을 거쳐 업무에 최적화된 인물로 거듭나는 과정이 아니에요." 그리고 이런 말을 덧붙였지. "우리는 언제 휴식이 필요하고, 언제 휴가를 떠나야 하며, 언제 스트레스가 쌓이는지를 항상 살펴봐야 해요." 이 과정을 반복하다 보면 언제 어느 정도의 휴식이 필요한지 직감적으로 알게 된단다.

물론 쉬운 일은 아니야. 언제 휴식이 필요한지 느끼는 법을 배우지 못한 사람이 많거든. 그래서 요즘엔 그런 직감을 키울 수 있는 몇 가지 연습을 쉽게 찾아볼 수 있어. 그중 하나가 외부적인 요인이나 신호에 따라 쉬는 거야. 예를 들어 알람이 울리면 어떤 작업을 하던 중이든 간에 손에 쥔 펜을 놓거나 키보드에서 손을 떼거나 혹은 전화기를 내려놓고 다른 행동을 해야 해. 그러다 보면 한숨 돌리며 기분 전환을 하는 게 얼마나 유용한지 점차 느끼게 될 거야. 잠시나마 쉬고 나면 일을 더 빠르고 효율적으로 끝낼 수 있어.

내 생각에 너는 이미 일과 육아와 가사 사이사이에 휴식이 끼어 있는, 말하자면 균형 잡힌 일상을 이미 보내는 중인 듯해. 영수증과 서류를 정리하며 골머리를 앓다가 세탁기에서 빨랫감을 꺼내려고 몸을 움직이는 순간, 그 순간이 바로 너에게 딱 맞는 휴식 시간인 셈이야. 그래서 추가로 5분씩을 더 쉬는 게 너한테는 벌칙 같았던 거지. 너처럼 이미 밸런스를 찾은 사람은 꼭 매시간마다 5분씩 쉴 필요가 없어. 이건 몇 시간이고 한자리에 앉아 일에 몰두하는 사람들을 위한 조언이니까.

네가 시도한 장단점 파악 연습은 한층 더 심오한 질문으로 향하는 길이었던 것 같아. 아이디어는 간단해. 공적인 삶 및 사적인 삶과 관련해 어떤 특성, 가치, 목표, 그리고 소망이 중요한지 늘 염두에 두고 한시도 잊지 않는 거지.

몇 년 전부터 미국에서 '해야 할 목록'이나 '우선순위 목록' 같은 전통적인 시간 관리 도구를 깊이 있고 개인적인 질문과 연결하는 책과 강연, 팟캐스트 등이 유행하고 있어. 그 질문이란 예를 들어 이런 거야. "내 직업적인 삶에 중요한 가치는 무엇인가?" "나는 어떻게 일하고 싶은가?" "나는 어디까지 도달하고 싶은가?" "내가 의미 있다 여기는 것은 무엇인가?" 같은 것들 말이야.

먼저 커리어와 관련된 우선순위를 꼽아볼까? "내년에는 부서장이 될 거야."라고 다짐하는 사람도 있고, 자신의 강점이나 내면적 가치를 중심으로 우선순위를 꼽는 사람도 있을 거야. 예를 들어 "다른 동료들과 협력하며 일하고 싶어." "기술 관련 업무가 전부 간단하게 느껴져. 이 분야에서 내 커리어를 더 성장시켜야겠어." "나한테는 존중이 가장 중요해. 내 일이 남들에게 존중받을 수 있도록, 그리고 나 또한 남들을 존중할 수 있도록 노력해야겠어."라고 말이야.

어쩌면 우리는 늘 일상에 치여 허둥지둥하느라 해답을 찾지 못한 게 아닐까? 너도 비슷한 감정을 느꼈던 것 같아. 일단 톱날부터 갈아야 더 강력한 힘을 손에 넣을 수 있는데, 그런 생각은 못 한 채 무딘 톱을 들고 나무를 베다가 지쳐버린 사람처럼 말이야.

많은 전문가들이 목표를 설정하고 본질적인 것에 집중하는 힘을 아주 높이 평가해. 미국의 기업인이자 작가인 알렉스 수정 김방Alex Soojung-Kim Pang은 저서 『일만 하지 않습니다』에서 하루에 세 시간에서 다섯 시간 동안 집중해 중요한 일을 끝마치는 것이 중요하다고 말했어. 가장 핵심적인 일에 초점을 맞추는 거야. 그러면 중요하지 않은 것들을 빠르게 가려낼 수 있으니까.

어쨌든 네가 이번 과제로 느낀 점이 많아 보여 나도 기뻐. 그리고 마지막에 스스로에게 줄 선물을 산 것도 정말 멋진 일이라고 생각해.

안네가

일상을 위해 나를 챙기는 시간 관리

아마 이번 장을 읽으며 금방 눈치챘을 겁니다. '마음을 다해 일하기'의 범주가 굉장히 넓다는 것을요. 여러분이 일하는 분야와 위치가 저마다 다르고, 꼭 해야 하는 일이나 업무상 겪는 문제, 처한 상황 등도 다르니 어쩔 수 없는 부분이기도 합니다. 다만, 업무 때문에 심신이 지쳤거나 빈번하게 번아웃을 겪고 있지는 않은지 생각해보기 바랍니다. 작은 부분을 변화시키거나 때때로 짧은 휴식을 취하는 게 큰 변화로 가는 첫걸음이 될 수 있어요. 스스로의 몸과 마음부터 회복해야 더 의식적으로 일할 수 있답니다.

나무랄 데 없이 시간을 관리하고 일과 사생활을 분리해 적당히 쉬면서 일하고 있는데도 스트레스가 쌓이고 지치거나 무언가에 쫓기는 기분이 든다면, 더 근본적이고 거대한 질문을 스스로에게 던져보세요. 자신에게 정말로 중요한 것이 무엇인지, 일할 때 어떤 가치와 능력에 우선순위를 두어야 하는지 생각하는 겁니다. 혼자서 해볼 수도 있지만 동료나 친구, 혹은 전문가와 대화를 나누며 도움을 받아도 좋아요.

어떤 것부터 시작할지는 스스로 정할 수 있습니다. 일할 때 타인이 나에게 기대하는 점이 무엇인지 고민하기보다는 항상 나부터 관찰하고 돌보는 것이 중요해요. 이렇게 우선순위를 조금 바꾸는 것만으로도 큰 효과를 볼 수 있습니다.

타고난 장점을 찾아 업무에 접목하기

여러분이 쉽다고 느끼고 즐겨 하는 일은 무엇인가요? 업무에 활용할 때마다 즐겁고, 주변으로부터도 칭찬을 받으며, 그래서 기꺼이 발휘하고 싶은 능력 세 가지를 적어보세요. 타인이 정해준 것이 아니라 여러분이 스스로 즐겁다고 느끼고, 또 잘할 수 있는 능력이나 특성을 찾아내는 게 중요합니다. 그리고 그 옆에 생각나는 문장을 몇 줄 써보세요.

세 가지 능력 혹은 특성 중 여러분이 서른 살이었을 때(당연한 이야기지만 그보다 나이가 많다면요) 쉽게 느껴졌고 자주 활용했던 것, 주변으로부터 칭찬받았던 것이 무엇인지 생각하고 핵심 단어를 적어봅시다. 똑같이 열여덟 살 때, 그리고 아홉 살 때의 능력과 특성을 생각합니다. 고유의 능력과 특성이 언제부터 생기기 시작한 것인지 추적해보세요. 아마 어린 시절의 특기나 장점을 생각해내기는 쉬울 겁니다. 만약 과거의 일을 떠올리기 힘들거나 잘 생각이 나지 않는다면 이 과정을 과감히 무시해도 좋아요.

자, 이제 여러분은 삶의 각기 다른 시점에 스스로에게 어떤 특기와 장점이 있었는지, 어떤 부분 덕분에 주변으로부터 칭찬받았는지 몇 가지 정보를 모았습니다. 메모한 내용을 살펴봅시다. 공통점이 있나요? 과거에도, 그리고 지금도 중요한 장점이 있나요? 그렇다면 그것이 바로 여러분이 업무를 볼 때 우선순위에 올릴 수 있는 요소입니다. 찾아낸 장점이 현재 일하는 분야와 큰 관련이 없다고 의기소침해질 필요는 없습니다. 예를 들어 숫자를 다루는 데 능숙하고 그것을 좋아하지만 현재는 다른 일을 하고 있다고 하더라도 걱정하지 마세요. 장점을 현재의 직업에 접목하는 작은 단계부터 시도하면 되니까요.

나에게 던지는 질문

- ☑ 일상의 어느 시점에 휴식이 필요한지 생각해보았나요? 얼마나 자주 휴식을 취할 생각인가요?
- ☑ 일할 때 주로 어떤 업무를 하나요? 여러분에게 중요한 일상의 과제는 무엇인가요? 이를 위해 어느 정도 시간을 투자하나요?
- ☑ 하루의 업무가 '잘 돌아갔다'고 느껴지는 날은 어떤 날인가요? 그럴 때는 하루의 흐름이 어떤가요?

업무와 휴식의 밸런스를 잡는 스케줄 관리법

전반적인 시간 관리

시간 관리 코치인 코르둘라 누스바움Cordula Nussbaum은 남들보다 앞서 시간 관리 도구를 개발했습니다. 이 도구를 활용하면 더 창의적으로 일할 수 있으며, 원래 무질서하던 사람도 계획적으로 시간을 관리할 수 있다고 해요. 누스바움의 시간 계획과 우선순위 정하기, 그리고 연습 과제는 일상을 더 체계적으로 구성하는 데 도움이 됩니다. 엑셀로 만든 시간표나 '해야 할 목록'이 자신과는 잘 맞지 않는다고 느낀다면 누스바움의 조언을 참조하면 좋습니다. 웹사이트 www.kreative-chaoten.com, 도서 『하기 싫은 일을 먼저 하라』에서 더 많은 정보를 얻을 수 있습니다.

불렛저널 작성하기

사람들은 제각기 다양한 방식으로 다이어리나 시간표를 꾸미고 우선순위인 일과 약속, 아이디어를 적어둡니다. 특히 라이더 캐롤Ryder Carroll이 고안한 불렛저널은 몇 년 전부터 큰 인기를 끌고 있지요. 캐롤은 젊은이들이 하루의 계획을 짜는 것을 어려워한다는 점에 착안해 창의적인 방식으로 약속과 아이디어 등을 정리하도록 했습니다.

모든 사람에게 잘 맞는 방법은 아니지만, 이 방법이 잘 맞는 사람들, 즉 그림이나 기호를 그리거나 이미지를 배치하고 꾸미는 것을 좋아하는 사람들에게는 아주 멋진 시간 관리법이에요.

호흡 휴식

일상 속에서 시도할 수 있는 짧은 명상입니다. 예를 들어 누군가와 통화해야 할 일이 있을 때마다 수화기를 들기 전에 두세 번 정도 심호흡하세요. 또 일하는 시간과 자유 시간 사이에 15분 정도 산책하는 시간을 끼워 넣는 것도 좋습니다. 자신만의 방식대로 쉬어도 좋지만, 쉬는 법을 모를 경우 쉬는 방법을 배우고 실천하는 것도 나쁘지 않아요.

#Monthly Challenge

May

5월

밤의 언어가 말해주는 내면의 나

의식적으로 꿈꾸기

▷▷▷▷▷

이번 달에는 밤에 머릿속에서 벌어지는 일들을 관찰하는 미션을 줄 거야. 한 달 동안 어떤 꿈을 꾸었는지, 그리고 그 꿈의 내용이 그날 겪은 기분, 감정, 사건과 어떤 연관이 있는지 글로 남겨보렴. 꿈이 현재 네가 필요로 하는 것이나 겪은 일과 연관되는 부분이 있니? 꿈에 저마다 알맞은 제목을 붙여도 좋아.

그런 다음 꿈 분석 전문 상담 센터에서 전문가와 만나 이야기를 나눠보는 거야. 현재 네가 하고 있는 자기돌봄에 중요한 것은 무엇일까? 네 꿈은 그것과 어떤 연관이 있을까? 자고 있는 동안 머릿속에서 벌어지는 세상에 주목하는 건 도움이 되는 일일까, 부담 되는 일일까?

한 달 동안 겪어보고 답해줘.

안네에게

한번 상상해봐. 너는 지금 넓긴 하지만 불이 제대로 들어오지 않고 먼지가 쌓인 집에서 일을 하고 있어. 갑자기 누가 문을 두드려서 나가봤더니 몇 년 동안 얼굴 한 번 본 적 없는 사촌이 한 손에 장난감을 들고 문 앞에 서 있다면 뭐라고 하겠어? 너희 두 사람이 오래된 기숙사에서나 볼 법한 좁은 2층 침대에서 잠을 자야 한다면? 사촌이 집에 들어오게 둘 거야? 아니면 매정하게 거절할 거야? 스트리밍 서비스에 익숙해지다 보니 요즘에는 꿈도 넷플릭스 시리즈처럼 꾸는 것 같아.

늘 그렇지만, 네가 내준 이번 달 미션도 재미있어 보여. 난 어릴 때부터 밤과 친했어. 심리치료 전문가가 있는 집안에서 자랐기 때문에 우리 집에서는 꿈 이야기가 학교 성적만큼이나 식사 자리의 주요 대화 주제였거든.

성인이 되고 나서도 꿈은 나의 좋은 친구였어. 어쩔 때는 꿈속의 내가 현실의 나보다 훨씬 현명해서 내면 상태나 갈등, 욕망 등을 더 명확하게 표현하기도 했지. 어떤 충동이 계속해서 발생한다면 그건 내면의 신호등이 켜진 거나 마찬가지야. "여기에 주목해!"라는 신호지. 20대에는 여러 현실적인 상황이 반영된 꿈을 꿨어. 진정한 나는 누구인지, 그리고 어떻게 행동해야 좋을지 도무지 알 수 없어 방황할 때는 여권과 운전면허증이 든 지갑을 잃어버리는 꿈을 꾸기도 했지. 인생을 어떻게 살아야 할지 감을 조금 잡고 나니까 똑같이 지갑을 잃어버리는 꿈을 꿔도 운전면허증만큼은 다시 되찾는 결말이 나더라.

사실 몇 년 전부터 생각날 때마다 꿈 일기를 쓰고 있어. 아주 드문 경우라, 1년에 겨우 한 번 정도지만 말이야. 일단 꿈 일기를 쓸 때는 내 상황이 어떤지, 내가 나의 소망, 불안, 욕구 등을 제대로 바라보고 있는지를 꿈과 연결해 때로는 짧고 때로는 긴 글을 써. 돌이켜보니 꿈 일기를 작성하는 동안에는 오로지 나 자신만을 관찰하고 생각했던 것 같아. 그것만으로도 자기돌봄에 큰 도움이 됐겠지.

몇 년에 걸쳐 찾아낸 꿈 일기 잘 쓰는 요령을 알려줄게. 일단 침대 머리맡에 필기도구를 두는 거야. 그리고 잠들기 전에 '내일 아침에 일어나자마자 꿈이 휘발되기 전에 글로 남겨야겠다'고 다짐하면 꿈을 훨씬 선명하게 기억할 수 있어. 깨어나자마자 기록하면 머릿속에 남아 있는 내용을 구체적으로 묘사할 수 있지. 잠자는 자세를 바꿔보는 것도 꿈을 기억해내는 데 도움이 돼. 옆으로 누워 잤을 때는 기억나지 않던 내용이 똑바른 자세로 자면 기억나기도 하거든. 주말은 특히 꿈 일기를 쓰기 좋은 시간이야. 아침 6시 반에 울리는 알람 때문에 꿈이 중단될 일이 없으니까.

이번 달 과제를 위해 여태까지와는 다른 방식으로 꿈 일기를 쓸 생각이야. 다음 주부터는 네가 조언한 대로 매일 아침마다 꿈 내용을 자세히 쓰고, 실제 삶과 연관 지어 생각해볼 거야. 내가 느끼는 감정과 그날 겪은 일을 꿈과 연결시키는 거지. 이미지란 때로 정형화되곤 하지만, 그 이상의 내용을 담고 있기도 하니까.

그리고 꿈에 제목을 붙이고 꿈이 나에게 말하고자 하는 내용은 무엇인지, 조언하고자 하는 바는 무엇인지를 고찰해볼 거야. 꿈 일기장이 채워지면 심리치료사인 캐시 노이바우어Kathy Neubauer를 찾아가려고 해. 이번 달 과제를 듣자마자 꿈 상담을 받으려고 미리 예약해두었거든. 도시가 내려다보이는 파스텔 톤의 깔끔한 방에서 상담을 받으며 스스로를 더 깊이 탐구할 수 있겠지.

꿈에 등장하는 모든 인물은 나의 파편들

내 꿈의 주제는 대부분 누가 들어도 당연하다고 생각할 만큼 흔하고 뚜렷한 것들이야. 지난달에는 일에 대해 생각하면서 내가 진정으로 나아가고 싶은 방향이 어디인지, 제대로 가고 있는 게 맞는지 심각하게 고민했거든. 그 탓인지 최근 3주 정도는 여행을 떠나는 꿈을 자주 꿨어. 대부분은 고생길이었지. 먼 길을 돌아가고, 눈 덮인 길을 걷고, 비행기 표가 갑자기 취소되고, 표지판이 없는 길을 걷기도 했어. 목적지에 도달하려고 고집스럽게 앞으로 나아갈수록 여행길은 험난해지기만 했지. 때로는 재미있었고 때로는 너무 뻔해서 지루한 꿈이었어. 신분증을 잃어버리는 꿈을 자주 꿨을 때처럼 똑같은 꿈이 몇 번이고 반복될 때는 짜증이 나기까지 하더라. 전문가의 의견은 과연 어떨까?

심리치료사의 첫마디는 이랬어.

"실제로 경험한 이야기이든, 꿈 이야기이든 똑같아요. 둘 다 정신적인 부분이거든요. 무슨 말을 하든 우리는 항상 여기서는 뭔가를 덜어내고, 저기서는 뭔가를 다듬으며 이야기를 꾸미죠. 중요한 건 내용이 아니라 응축된 심리예요. 과연 꿈속에서 겪은 갈등은 무엇인지, 성격의 어떤 부분이 반영된 것인지, 그 기저에 깔려 있는 게 무엇인지가 중요하죠."

내 말이 그 말이야. 여행을 떠나려면 목적지와 제대로 작동하는 나침반이 필요하잖아. 내가 새롭게 쓰기 시작한 첫 번째 꿈 일기가 좋은 예시지. 난 그 꿈에 '쓸모없는 자동차'라는 제목을 붙였어. 꿈에서 독일 땅을 남북으로 가로지르는 긴 여행을 떠나려던 찰나, 한 친구가 자기 차에 태워주겠다고 하더라. 하지만 나는 렌터카로 가겠다고 고집을 부렸지. 어느 모로 보나 무모한 주장이었어. 꿈에서조차 이게 합리적인 결정이 아니란 걸 느낄 정도였단다. 내 렌터카는 못생긴 데다 고속도로를 달릴 만한 상태가 아니었거든. 게다가 왕복으로 다녀오면 렌트 비용도 만만치 않잖아. 예약이 꽉 차서 이 차 말고 다른 차는 빌릴 수도 없는 상황이고 말이야. 남의 도움을 순순히 받아들이지 못하는 바람에 스스로 팔자를 더 꼬는 건 아닌가, 하는 생각이 드는 꿈이었어. 여러 작업과 개인적인 약속을 마무리하느라 발바닥에 불이 나게 뛰어다녔는데 결국 아무것도 제대로 해내지 못하고 너덜너덜해진 날 밤에 그 꿈을 꿨거든.

심리치료사는 '협력'을 강조하면서 꿈속에 등장한 친구에 대해 한마디를 덧붙였어.

"우리 꿈속에 나오는 인물은 대개 자기 자신의 다른 부분이에요. 당신의 여러 모습 중 주도권을 쥔 쪽, 그러니까 차를 갖고 있고 운전도 할 수 있는 쪽이 아직 불안해하는 다른 쪽을 끌고 가려는 거죠."

위안이 되는 말이었어. 내면의 나침반이 고장 나고 일이 계획대로 흘러가지 않더라도 스트레스를 받아 미쳐버릴 필요는 없다는 뜻이니까. 정신없이 바쁜 월요일이나 완전히 지쳐버린 날에도 말이야.

다음 날 나는 상한 머리카락을 잘라내러 미용실에 가는 꿈을 꿨단다. 그런데 미용사가 머리를 자르기 전 사진을 인터넷 사이트에 올리겠다는 거야. 조금 당황스러웠지만, 이걸 현실에 반영해보자면 구시대적인 사고방식에서 벗어나야 한다는 뜻이 아닌가 싶었어. 심리치료사는 이 꿈 이야기를 듣고 변화의 상반된 가치를 언급했지.

"뭔가가 변화해야 하는 건 확실하죠. 그렇다면 어느 정도의 수준으로 변화해야 할까요? 필요한 건 뭘까요? 새로운 헤어스타일을 하고 거울을 본다 했을 때, 그건 낡은 사고방식이 사라졌다는 뜻일까요? 아니면 그저 당신의 다른 측면을 보여주는 걸까요?"

그 해석이 마음에 들었어. 내가 비판적으로 바라본 모든 내용에서 심리치료사는 긍정적인 측면을 찾아내더라고. 그녀가 가르쳐준 관점으로 꿈 내용을 바라보기 시작하자 새삼 깨달은 점이 있어. 꿈은 나에게 발전 과제를 보여주고, 그 이전에 무엇보다도 내 재능, 그러니까 내면의 힘을 보여주는 존재야.

언젠가 이런 꿈을 꾼 적이 있어. 친구들과 바에서 술을 마시다가

자리를 파했는데, 외투를 도무지 못 찾겠는 거야. 추우면 어쩌나 걱정했는데 막상 밖으로 나가보니 생각보다 따뜻해서 다행이었지. 필요한 건 이미 전부 손에 쥐고 있으니 너무 걱정하지 말라는 내용이었던 것 같아. 꿈에 가끔 넓지만 먼지투성이인 집이 나오곤 하는데, 그건 나의 내면에 분명히 존재하지만 텅 비어 있는 부분을 상징하는지도 몰라. 예를 들어 내가 등한시하고 있는 능력이나 관심사일 수도 있고, 애써 외면하고 있지만 이제는 다시 들여다봐야 하는 성격의 한 부분일 수도 있겠지.

내 능력에 대해 구체적으로 생각하는 계기가 된 꿈을 꾸기도 했어. 꿈에서 난 노파가 되어 어느 바로크 양식 극장의 관객석에 앉아 무장한 남자들에게 협박당하고 있었어. 그때 누군가가 잔을 하나 건네면서 은밀하게 속삭이더라고.

"첫 물약은 달리는 속도를 빨라지게 하고, 이따 가져다 줄 두 번째 물약은 당신을 전기로 만들어줄 겁니다."

마치 마법사들이 만든 마법 물약처럼, 날 지켜줄 물약이었어. 심리치료사는 이 이야기를 듣고 "그것 또한 당신 내면에 있는 인격의 일부예요. 오늘 할 일이 잘 풀릴 거라고 축복해주는 현명한 노파요."라고 말해주었지.

그녀는 상담 고객들에게 상상하기를 추천한대. "여든 살이 된 당신이 일생을 돌아본다면, 지금의 당신이 처한 상황에 어떤 조언을 하겠습니까?"라는 식으로 말이야. 자신의 삶을 객관적으로 조망하는 연습인 셈이지. 일 때문에 고민할 때도 비슷하게 적용할 수 있지 않을까?

갑자기 그런 생각이 나더라. 그 마법 물약은 내가 명상 연습을 하면서 만났던 상상 속 수녀에게 받은 말랑한 빨간 공과 비슷한 게 아닐까 하는 생각 말이야. 아니면 두 상징이 각기 다른 것을 나타내나? 예를 들어 빨간 공은 보호와 자애를, 물약은 창의적인 에너지를 대표하는 걸까?

어떨 때는 우리 아이들과 전혀 상관없는 어린아이들이 등장하는 꿈을 꾸기도 했어. 아이들은 내 아들딸보다 어렸는데, 나와 함께 놀고 싶어 했어. 어렸을 때 사촌이 인형을 산더미처럼 가져와서 같이 놀자고 했을 때처럼, 반은 기쁘고 반은 귀찮은 기분이 들더라. 아무튼 꿈속에서 바닷가에 나와 함께 서 있던 이름 모를 한 소녀는 그네와 시소가 보이는 섬을 가리키며 이렇게 물었어.

"저기까지 헤엄쳐서 갈 수 있을까요?"

심리치료사는 이 꿈을 이해하려면 교류분석*에서 파생된 사고 모델이 필요하다고 했어. 그 이론에 따르면 우리는 각기 다른 여러

---

* 어떤 자아 상태일 때 인간관계를 맺고 타인과 교류하며 상호 의존하는지를 분석해 자기 통제를 돕는 심리요법. _역주

자아를 동시에 갖고 있대. 예를 들면 아이가 뭔가 잘못해서 혼낼 때, 아이를 걱정하면서도 벌을 주는 '어른인 나'와 아이의 입장에서 공감하는 '아이인 나'가 있다는 거야. 더 나아가서 '아이인 나'는 다시 '반항적인 나'와 '장난기가 많은 나'로 나뉘기도 한대. 꿈에서 나와 함께 해변에 서 있던 여자아이처럼 말이야. '어른인 나'는 때로는 엄하게, 때로는 부드럽게 아이들을 대하지. "난 하고 싶어!" "그건 안 돼!"라고 서로가 고집을 피울 수도 있고.

그나저나 우리가 바로 지난달에 짐을 덜고 가벼워질 필요가 있다는 대화를 나누지 않았나? 내 안의 어딘가에 영혼의 놀이터를 찾아 헤메는 부분이 있는 것 같아. 심리치료사는 가끔씩 내면의 목소리에 귀를 기울이고, 그 목소리가 꿈속 환영으로 나타나지는 않는지 생각해보라고 조언했어. 내면의 목소리가 제멋대로 굴고 싶은 '아이인 나'로, 혹은 위기에 처했을 때 마법의 물약을 준 누군가로 나타난 것은 아닌지를 살펴보라고 말이야.

꿈은 영혼의 상태를 알려주는 연료계

꿈이 항상 다정하게 내 어깨를 두드리면서 잘했다고 격려해주는 건 아냐. 꿈은 나를 궁지로 몰기도 해. 한번은 에어캡으로 싼 와인 잔 몇 개를 들고 여행을 떠나는 꿈을 꿨어. 여행하는 동안 깨지지 않기를 바라기에는 너무 크고 위태로운 짐이었지. 기내 수하물 칸에도 들어가지 않았어. 이 꿈 이야기를 듣고 심리치료사는 깨지기 쉬운 성질과 위태로움을 주제로 꼽았어.

"연약함을 어떻게 꽁꽁 싸매 보호할 수 있을까요?"

좋은 질문 아니니? 난 글을 쓰니까 비평을 접할 일도 많고, 그럴 때마다 좌절하기도 해. 그렇다고 주저앉을 수만은 없으니 계속 발전해나가야 하지. 지적당했을 때 더 유연하게 대처할 방법은 없을까? 사생활에서도 마찬가지야. 애들이 사춘기라 시종일관 틱틱 대거든. 애들이 나를 사랑하는 걸 알고, 그맘때는 다들 그렇게 행동할 수밖에 없다는 것도 알지만 상처받는 건 어쩔 수 없어. 그럴 땐 어떻게 극복할 수 있을까?

그즈음 멋들어진 별장에서 파티를 준비하는 꿈을 꿨어. 손님들이 많이 참석하는 바람에 청소하고 음식을 준비하느라 눈코 뜰 새 없었지. 그때 어떤 여자가 음식을 만들어주겠다고 나서더라고. 도와준다는 말에 뛸 듯이 기뻤는데, 아무리 기다려도 음식이 나오지 않는 거야. 배가 너무 고팠지만 기다렸지. 결국 식탁에 뭐가 올라왔게? 바로 그래놀라였어. 그것도 얇게 썬 오이가 올라간 그래놀라. 이게 무슨 끔찍한 조합인가 싶었지만 만들어준 사람의 성의가 있으니 용기 있게 한 숟갈 떴단다. 내 생각에 이 꿈은, 일이 꼬이거나 잘못될 수 있지만 어떻게든 수습할 수 있다는 점을 보여주는 내용 같아.

반대로 꿈에서 느낀 부정적인 감정이 긍정적인 의미일 수도 있어. 꿈속에서 잠을 자다 깼는데, 그 장소가 내 방이 아니라 국회의사당인 걸 깨닫고 헐벗은 채로 허둥지둥 숨을 곳을 찾아다닌 적이 있어. 속옷만 입고 있는 나와 멀지 않은 곳에서 맞춤 정장을 차려입은 국회의원이 취임 연설을 하고 있었다니까?

이 이야기를 듣고 심리치료사는 상처 입기 쉬운 부분을 보호하는 것도 중요하지만, 때로는 남에게 치부를 드러내는 것도 좋은 방법이라고 해석했어. 그 말을 듣고 다시 한번 그 꿈을 떠올렸어. 속옷 차림으로 국회의사당에 있었지만 아무 일도 벌어지지 않았고 벌금을 물지도 않았잖니. 때로는 너무 걱정하지 말고 무방비한 모습을 보이는 것도 좋을 것 같아.

꿈 분석 상담실을 나서면서 꿈에서 본 마법 물약을 마시기라도 한 것처럼, 혹은 목적지가 크게 적힌 지도를 손에 쥐기라도 한 것처럼 힘이 나기 시작했어. 그게 지금 나에게 가장 필요한 것인지도 몰라. 내 안에는 나의 감정과 생각을 상징적 이미지로 보여주는 '영화감독'만 있는 게 아냐. 각기 다른 역할을 맡은 조언자들도 있어. 나를 어떻게 가꿔나가야 하는지, 피로와 스트레스를 담아둘 내면의 댐을 어떻게 만들어야 하는지 구체적으로 알려주는 조언자들 말이야.

인생이라는 여행이 어디로 흘러갈지는 꿈에서도 알 수 없어. 꿈은 그냥 연료계야. 내 에너지가 가득 차 있으면 녹색 부분을 가리키고, 고갈되면 빨간 경고등을 켜는 연료계. 아무리 작고 보잘것없어도 이런 연료계가 장착된 나만의 자동차가 있다면 굳이 남의 차를 빌리지 않고도 여행길에 나설 수 있지 않겠어?

베레나가

베레나에게

꿈이 나에게 무슨 이야기를 하려는지 귀 기울이는 건 네 말대로 홍미진진한 모험이야. 꿈속에서 벌어지는 여러 상황들, 허무맹랑한 전개, 갑작스런 장면 전환이 재미있는 영화처럼 느껴지는 건 사실이니까. 그러니 꿈을 '머릿속 영화관'이라고 부를 만하지. 그런데 과연 모든 꿈에 깊은 의미가 있는 걸까?

과학자 미하엘 슈레들Michael Schredl에 따르면 꿈을 주제로 한 심리학 연구 분야는 둘로 나뉜대. 하나는 꿈을 신경심리학적으로 파악하려는 연구 분야야. 꿈이 건강, 회복, 특정한 사고 과정 등에 어떤 영향을 미치는지를 연구하지. 다른 하나는 조금 더 치료법에 가까운데, 꿈의 의의는 무엇이고 꿈이 우리에게 무엇을 전달하는지, 어떤 도움이 될 수 있는지를 연구하는 분야야.

이번 미션은 당연히 두 번째 연구 분야에 가까워. 정신분석학의 시초인 지크문트 프로이트Sigmund Freud는 꿈과 그 의미를 두고 '무의식으로 가는 왕도'라고 말했어. 그는 꿈을 통해 우리가 소망하는 것, 두려워하는 것, 피하고자 하는 것을 알 수 있다고 주장했지. 그런데 우리 내면에는 일종의 검열관이 있어서, 그 검열관이 고통스럽고 위험하고 불편한 내용들을 검열해가면서 꿈을 보여준대.

꿈에 대한 프로이트의 주장 중 일부는 여전히 무의식의 빗장을 여는 열쇠로 여겨지고 있어. 다만 꿈을 다루는 여러 심리치료사들이 공통적으로 하는 말은, 꿈의 내용이 특별히 불가사의하거나 어렵게 설명될 필요가 없다는 거야. 정신 분석가이자 꿈 연구자인 어니스트 하트만Ernest Hartmann은 한 인터뷰에서 이렇게 말했어. "꿈은 대개 기이합니다. 그러나 수수께끼는 아닙니다." 하트만은 꿈의 내용이 아무리 혼란스럽고 이상하더라도 꿈꾸는 본인은 그 내용을 이해할 수 있다고 말했어. 난 그게 꿈의 아주 중요한 속성이라고 생각해. 모든 사람은 자신의 꿈을 일목요연하게 정리할 수 있고, 내용의 흐름을 파악할 수 있어. 너도 혼란스러운 꿈을 여러 번 꾸었지만 전문가의 조언 없이도 그 꿈의 숨은 의미가 무엇인지 어렴풋이나마 깨달을 수 있었잖아. 조금 더 거리감을 갖고 이야기를 들은 심리치료사는 꿈 전체를 다른 관점에서 바라봐주었고. 그러니 꿈을 너무 복잡하게 해석하려 하지 말고 있는 그대로 느꼈으면 좋겠어.

꿈 연구자인 해리 크라너 피스Harry Kranner Fiss는 꿈을 '삶에 다방면으로 도움이 되는 존재'라고 표현했어. 꿈은 우리에게 암시와 아이디어를 주거든. 만약 꿈에서 어떤 물건이나 상황이 중요하게 묘사된다면, 그 꿈을 꾸는 사람은 '이게 중요한 건가 봐!'라고 생각할 거야. 그리고 당분간은 꿈과 관련된 사물이나 사건이 강조되어 보이겠지. 호기심을 갖고 꿈의 실용적인 측면을 탐구하고 싶다면 꿈 연구자들의 조언을 듣는 편이 좋단다. 몇 가지를 소개할게.

감정에 주목하기

어떤 꿈에서는 특정한 감정이 강조되기도 해. 예를 들어 당황, 불안, 기쁨 등의 감정이야. 꿈에서 강조되는 감정이 어떤 것인지 정확히 파악할 수 있다면, 그 다음으로는 실제 삶에서 꿈과 같거나 다른 상황이 있는지 찾기만 하면 돼.

꿈에 제목을 붙이기

꿈에 제목을 붙이면 꿈을 더 잘 이해하고, 꿈의 주제가 무엇인지 파악하는 데 도움이 돼.

개인적인 관심사 탐색

꿈에 등장하는 것들 중 개인적으로 관심이 가는 부분, 예를 들어 동물이나 사람, 건물이나 장소 등의 주변 환경 등을 관찰해도 좋아. 관심이 가는 부분이 자신의 내면을 드러내기도 하거든. 만약 이런 해석 방법이 잘 맞는다고 느껴진다면 계속해서 이 방법으로 꿈을 탐구하면 돼.

미하엘 슈레들은 모든 사람이 자기 꿈 해석의 전문가라고 했어. 꿈이 현실의 어떤 문제와 연관이 있는지를 가장 잘 아는 사람은 그 꿈을 꾼 본인이니까. 무슨 말인지는 너도 익히 알리라 생각해. 네가 꾼 꿈 이야기를 하면, 다른 사람들은 그 내용을 나름대로 추측하고 해석하려 할 거야. 그걸 듣고 있자면 꿈을 꾼 사람 입장에서는 답답하거나 짜증이 나기도 하지. 사실 개인의 꿈은 다른 사람들에게 그다지 흥미로운 주제가 아니야. 꿈이 어떤 의미를 지니는지는 결국 그 꿈을 꾼 사람에게만 중요하거든.

우리가 꾸는 꿈의 8퍼센트 정도는 현실에서도 구체적인 아이디어나 영감이 된다는 연구 결과가 있어. 소설이나 영화에서 보던 것에 비하면 그다지 높은 수치는 아니지만, 꿈을 현실에 적용할 수도 있다는 뜻이야. 그럴 수만 있다면 꿈은 우리에게 큰 선물이 되겠지. 만약 꿈에서 어떤 장소를 보고 실제로 그 장소에 간다면, 꿈이 여행의 목적지가 되는 거야. 소원해졌던 친구가 갑자기 꿈에 나오는 바람에 실제로 그 사람에게 다시 연락했다면 꿈이 친구와의 연결이 되고, 꿈에서 현실적인 문제를 해결할 돌파구를 찾았다면 꿈이 해결책이 되지. 나는 꿈이 이렇게 실용적인 도구가 될 수 있다는 점이 아주 마음에 들어. 나 또한 꿈의 도움을 받은 적이 있거든. 꿈에서 떠오른 문장을 메모해뒀다가 논문에 그대로 썼던 적도 있어. 꿈 덕분에 무거운 짐 하나를 덜어낸 셈이야. 그리고 이렇게 꿈에 집중하는 것 또한 나와 가까워지는 또 다른 방법이지.

마지막으로 꼭 해주고 싶은 말이 있어. 꿈을 탐구하는 건 자기돌봄이기도 하다는 거야. 하루를 시작하기 전에, 잠에서 깨어나자마자 꿈의 내용을 메모로 적어두는 일련의 과정은 자기돌봄에 가깝거든. 영화감독이자 작가인 줄리아 캐머런은 아침에 일어나자마자 글을 쓰는 것도 명상에 속한다고 했어. 짧은 시간이나마 자신에게 집중할 수 있으니까. 밤마다 우리 머릿속에서 만들어지는 이야기와 이미지를 따라가다 보면 스스로를 더 깊이 알 수 있단다. 네 꿈 이야기를 읽으니 그 내용이 아주 풍성한 경험이자 삶에 대한 조언처럼 여겨지더라. 앞으로도 꿈을 그냥 꿈으로 두지 말고 삶을 발전시킬 계기로 생각하기 바랄게. 좋은 꿈 꾸길.

안네가

일상에서 꿈꾸기

어떤 사람들은 꿈을 자주 꾸고 낮에도 상상을 하지만 그렇지 않은 사람도 있습니다. 심리학자 카롤린 아우만Carolin Aumann에 따르면 논리적이며 이미지보다는 글로 생각하는 데 익숙한 사람들은 꿈을 잘 꾸지 않고 상상도 잘 하지 않는다고 합니다. 이런 사람들은 이미지로 이루어진 생각이나 감정에 익숙하지 않습니다. 이와 달리 이미지로 생각하는 사람들은 연상하는 능력이 뛰어나 꿈을 자주 꾸고 평소에도 상상하기를 즐깁니다. 그리고 꿈의 내용에 의미를 부여하지요. 각성 상태의 현실과 상상 속 혹은 꿈속 세상 사이에 뚜렷한 경계선을 그어두지 않는 겁니다. 여러분은 어떤 타입인가요? 만약 두 번째 타입에 속한다면 이번 장의 미션을 직접 실천해봐도 좋을 겁니다. 이미지 연상력이 뛰어난 사람들은 이미지나 상징을 쉽게 연결하고 해석합니다. 그래서 꿈에서 본 내용을 일상과 접목시킬 수 있지요. 이번 달의 미션을 이미 시도했다면 꿈을 탐구하는 게 자기인식에 얼마나 큰 도움이 되는지 깨달았을 겁니다.

여러분이 첫 번째 타입이라고 해서 꿈 일기와 연이 전혀 없는 건 아닙니다. 논리적이고 글을 더 선호하는 사람이라도 호기심을 갖고 열린 마음으로 도전한다면 꿈 일기를 통해 새로운 경험을 할 수 있겠지요. 더구나 꿈 일기는 스스로와 더 가까워질 수 있는 기회입니다. 꿈을 거의 꾸지 않는다거나, 꿈을 꾸더라도 내용을 전혀 기억하지 못한다는 분들도 있습니다. 그러나 정작 꿈 일기를 쓰기 시작하면, 여태까지와 전혀 다른 일상이 펼쳐질 겁니다. 꿈 일기를 써야겠다고 마음먹고 잠자리에 들면 평소보다 꿈의 내용에 더 집중할 수 있고, 결과적으로 더 뚜렷하게 기억할 수 있거든요.

아주 자세하고 부정적인 내용의 꿈을 자주 꾼다면 어렸을 때 겪었던 트라우마가 무의식중에 나타나는 것인지도 모릅니다. 대부분은 악몽을 꾸어도 금방 잊어버리지만, 인구의 10퍼센트 정도는 악몽을 꾸면 심신이 지치는 경험을 한다더군요. 이런 경우에는 꿈을 기억하려 애쓰기가 두려울지도 모릅니다. 과거의 나쁜 기억이 되살아날 테니까요. 그렇다고 악몽이 아닌 꿈까지 무시할 필요는 없어요. 혼자 시도하기 어렵다면 전문가와 상담해도 좋습니다. 악몽을 더 잘 극복하고 악몽을 꾸는 빈도를 줄일 수 있는 연습 방법도 있습니다.

낮의 잔재*를 찾는 연습

아침에 일어나자마자 꿈의 내용 중 기억나는 것을 쓰는 활동을 3일 동안 꾸준히 반복해보세요. 주관적인 판단은 배제하고, 기억나는 내용만 적는 것이 중요합니다. 꿈의 내용을 쓰면서 '정말 말도 안 되는 내용이네' 혹은 '이런 것까지 솔직하게 써야 할까?'라고 생각하지 않도록 하세요. 가장 중요한 것은 잠에서 깨자마자 글로 남기는 겁니다. 기억에 남은 내용을 얼른 옮겨 적어야 하기 때문에 1분 1초가 소중하거든요.

하룻밤에 꿈을 한 개만 꾸는 경우도 있지만 여러 개를 꾸는 경우도 있죠. 한 개든 여러 개든 꿈의 내용을 모두 적었다면 다시 읽으면서 꿈의 내용이 전날 경험한 일들과 어떤 연관성이 있는지 살펴보세요. 실제 사건, 문제, 새로 얻은 정보 등 어떤 것을 꿈과 연결할 수 있을까요? 전날 느낀 감정 중 어떤 것이 꿈에 반영되었을까요? 어떤 사람, 사물, 혹은 주제가 등장했나요? 꿈속에서 '낮의 잔재'를 찾아 일상과 꿈을 잇는 연습을 하다 보면 그 과정이 점차 익숙해질 겁니다.

낮에 겪었던 사건이 여러분에게 의미 있는 것이 아니었다면 꿈속에까지 나타날 리가 없습니다. 그러니 그것이 무엇인지 찾아내고 탐구해야 합니다. 꿈에 나타난 낮의 잔재를 글로 옮긴 다음, 하루 정도

---

* 프로이트는 낮에 활동하면서 쌓인 감정의 찌꺼기가 밤에 꿈으로 나타난다고 보았다. _역주

의 간격을 두고 다시 읽어보세요. 전반적인 연관성이 더 명확하게 드러날지도 모릅니다. 며칠 동안 꿈 일기 쓰기를 반복하면 꿈의 내용을 기억하고 이해하기가 더 쉬워질 거예요.

나에게 던지는 질문

☑ 지난달에 꾼 꿈 중 기억나는 내용이 있나요? 무슨 꿈이었나요?

☑ 꿈의 내용 덕분에 결단을 내렸다거나 깨달음을 얻은 적이 있나요?

☑ 어렸을 때 꿨던 악몽 중 기억나는 내용이 있나요? 성인이 된 지금, 과거를 다시 바라보세요. 당시 그런 꿈을 꾼 이유는 무엇이었을까요?

자유롭고 안전하게 꿈속을 여행하는 법

판타지 여행

꿈속을 여행하는 건 최면 상태나 명상과 비슷합니다. 편안한 자리에 앉아 부드러운 안내 음성에 따라 꿈속 인물들과 만나면서 마음의 평화를 얻거나 삶의 방향에 대한 구체적인 조언을 얻을 수 있어요. 이미지로 가득 찬 내면 세상을 여행한다는 건 정말 아름다운 일입니다. 다른 사람이 절대 침범할 수 없는 오롯한 나만의 공간을 직접 탐험하는 거니까요. 최면이나 수면요법 전문가들의 책이나 CD를 찾아보세요.

악몽 극복에 도움이 되는 센터

악몽이 너무 심하다면 정신건강중앙연구소에서 상담을 받을 수 있습니다. 꿈 때문에 불안이나 두려움을 자주 느끼는 사람들을 위해 특별한 상담을 제공하는 곳이거든요. 아마 독일만이 아닌 다른 국가에도 비슷한 기관*이 있을 겁니다.

모바일 꿈 일기

꿈 일기를 스마트폰에 적고 저장해둘 수 있는 여러 앱이 있습니다. 꿈 일기를 쓰고 싶지만 손으로 적기보다 모바일 기기를 사용하는 게 더 편할 때는 꿈 일기 앱의 도움을 받을 수 있습니다. 이런 앱은 사용자가 작성한 꿈 일기를 토대로 꿈을 해석하는 방법을 알려주기도 합니다. 예를 들어 꿈에서 이것이 꿈임을 인식하는 것을 '자각몽'이라고 하는데, 앱을 통해 자각몽에 대해 자세히 알 수 있습니다.

* 우리나라의 경우 지역 보건소에 소속된 공공기관인 정신건강복지센터에서 상담을 받을 수 있다. _역주

#Monthly Challenge

June

6월

내 감정이 내가 아니라면 난 무엇일까?

나를 괴롭히는 감정과 거리 두기

▷▷▷▷▷

살다 보면 아주 사소한 것에 사로잡혀 벗어날 수 없거나 머리끝까지 화가 난 상태로 하루를 보내는 때가 있어. 이번 달에는 감정을 더 정확히 인식하고, 화가 나거나 걱정이 솟구치거나 슬퍼지는 상황을 의식적으로 경험하는 시간을 가질 거야.

이번 달 미션은 두 가지란다.

첫째, 일주일 동안 분노나 짜증이 급격히 날 때 의식적으로 그 감정에서 벗어나도록 해봐.

둘째, 다음에 소개한 마음챙김 명상을 하면서 네 감정을 명확하게 인식하고 조금 거리를 둔 상태에서 관찰하도록 하렴.

'내면의 관찰자'가 되는 명상

매일 아침 5분 정도 자리에 앉아 호흡에 집중하면서 그 순간 떠오르는 생각과 감정을 더 자세히 들여다봐. 중요한 건 자기 자신과 조금 거리를 두고, 최대한 객관적인 시각에서 스스로를 관찰하는 거야. 이때 생각이나 감정을 평가해선 안 돼. 일상생활을 하다가 시간이 날 때면 하루에 두세 번 정도 스스로에게 이렇게 물어봐. "지금 이 순간 내 감정은 어떻지?" 이런 질문은 '내면의 관찰자'를 길러내는 데 도움이 돼.

안네에게

분노라는 감정을 그림으로 나타낸다면, 난 육중한 동물이 내 가슴을 짓누르고 웅크려 앉아 있는 모습을 그릴 거야. 아주 뚱뚱한 검은 고양이라든가 진흙탕에서 실컷 뒹굴다 온 커다란 개가 나를 누르고 있는 모습 말이야. 한눈에 보기에도 거대하고 고약한 냄새가 나서 정신까지 혼미하게 만드는 동물들. 분노라는 감정은 우리로 하여금 공감하거나, 창의적인 생각을 하거나, 스스로에게 집중하지 못하도록 방해해. 때때로 우리는 이 감정에 사로잡힌 나머지 분노에 대해 깊이 생각하기보다 그저 화를 내거나 불안해하는 편을 택하지. 그게 더 간단하거든. 하지만 그런 감정을 당당하게 마주하지 않고 옆으로 밀어두거나 가슴에 올라타 짓누르는 육중한 동물들을 쫓아내기만 하는 건 실질적인 문제 해결법이 아니야. 문제를 근본적으로 해결하지 않으면 동물들이 언제든 다시 돌아와 더욱 심한 악취를 풍길 테니까. 그러니 쫓아내기보다 길들이는 게 더 낫겠지. 하지만 어떻게?

최근에 창고를 정리하다 학급문집을 발견하고 감정을 다스리는 방법에 대해 다시 생각하게 된 일이 있어. 천진난만함과 순수함이 묻어나는 글들 가운데 눈에 꽂히는 시가 한 편 있었거든. 아버지가 나한테 남겨준 글귀였어. 깜짝 놀라서 읽어봤더니 독일에 열성적으로 불교를 전파한 선구자인 헤르만 헤세Hermann Hesse의 시 「행복」의 한 구절이었어. 헤세는 이미 20세기 초반부터 불교의 지혜에 푹 빠져 이런 시 구절을 남겼지.

'행복을 좇는 사람은 그것을 누릴 만큼 성숙한 자가 아니다, 사랑하는 모든 것들을 소유했을지라도'라는 구절로 시작하는 이 시는 '모든 소망을 체념하고 욕심도 아집도 잊은 채 행복을 말하지 않을 때 비로소 세상일의 물결이 마음까지 스미지 않고 영혼은 안식을 찾는다'라는 구절로 끝나.

당시 아홉 살이던 나는 이게 무슨 뜻인지 몰랐어. 아무런 소망도 없는 삶이라니, 그런 삶을 살아서 뭐 한담? 지금의 나는 이 시를 여러 관점에서 읽을 가치가 있다고 생각해. 우선 돌아가신 아버지가 어울리지 않게도 수십 년 전에 삶의 소망에 관한 글귀를 적었다는 게 놀랍지 뭐니. 아버지는 불교적인 가르침과는 거리가 먼분이거든. 스님과 고기만큼이나 말야. 그런데도 이 구절에 마음이 움직이셨던 거야.

또 다른 관점에서 보자면 이 시는 우연히도 이번 달 미션과 잘 맞아떨어져. 내 감정과 거리를 두고, 감정에 휩쓸리기보다는 감정을 관찰하며 폭풍처럼 몰아치는 내면을 잠재우라는 가르침이니까. 커다란 동물이 내 곁에 다가오도록 두되, 나한테 뛰어들어서 가슴을 짓누르고 얼굴에 불쾌한 숨결을 내뱉도록 허락하지는 않는 거야. 요가를 하면서 배운 내용과 비슷해. 항상 마무리 명상을 할 때 생각과 감정이 그저 흘러가게 두라고, 굳이 나와 동일시하지 말아야 한다고 배웠거든. 말하자면 나라는 존재가 생각하고 감정을 느끼는 것이지, 내가 곧 내 생각과 감정은 아니라는 뜻이야.

감정이 휘몰아칠 때 마음속 등대로 대피하는 법

현대인들은 계획, 아이디어, 생각, 기분 등에 좌우되기 쉬워. 그런 것들과 나를 동일시해야 오늘 나에게 중요한 일이 무엇인지, 어제의 사소한 일이 내일 다시 문제가 되지는 않을지 기억할 수 있거든. 이슬람교 우화 중에 현자로부터 '이 또한 지나가리라'라는 글귀가 새겨진 반지를 선물 받은 왕의 이야기가 있어. 그것이 위기이든 불행이든 분노든, 그리고 행복이나 기쁨이든, 모든 것은 지나간다는 말이야.

격한 감정에 사로잡혀 혼자 비극의 주인공이라도 된 양 끙끙 앓기만 하면 에너지를 빼앗길 뿐이야. 나와 감정의 경계를 명확하게 구분할 수 있다면 폭풍 같은 감정이 휘몰아치는 와중에도 스스로를 지킬 수 있어. 오히려 그 폭풍에서 벗어나 자신만의 등대로 대피한 다음, 바람에 따라 움직이는 밀물과 썰물을 평온하게 바라볼 수 있지. '세상일의 물결이 마음까지 스미지 않고 영혼은 안식을 찾는다'라는 헤세의 시 구절처럼.

그런데 한편으로는 모순적인 생각도 들었어. 앞서 묘사한 것처럼 마음속 등대라는 존재가 휘몰아치는 감정으로부터 나를 보호할 응급조치라고 해도, 나는 평생을 그 등대 위에서 파도와 마주하지 않은 채 살고 싶지는 않아. 그보다는 나를 덮치는 파도와 맞서 싸우면서 버티고 섰다가 언젠가 파도가 잔잔해지면 그 파도를 타고 유유자적한 시간을 보내고 싶어. 그렇다면 휘몰아치는 감정의 중심에서 어떻게 균형을 찾아야 할까?

어쩌면 내 생각이 너무 앞서나간 건지도 몰라. 그래서 우선은 분노에 곧바로 반응하지 않도록 하는 짧은 명상을 시도하기로 했어. 자리에 앉아서 발을 바닥에 붙이고 눈을 감고 호흡하면서 나 자신의 감정을 새삼 인식하되 평가하지 않는 명상 말이야. 나는 지금 어떤 상태이지? 내 상태가 신체적으로는 어떻게 드러나고 있지? 거친 내 숨소리를 가만히 듣고 있자니 내가 생각보다 긴장한 상태라는 걸 깨달았어. 그럴 이유가 전혀 없는 상황인데도 말이야. 의식적으로 심호흡을 하자 다행히 조금 편해졌어.

다음 날, 마치 기다리기라도 한 것처럼 분노하지 않는 연습을 시작할 기회가 생겼어. 아침 댓바람부터 아들이 소리를 빽빽 질러대며 운동 가방을 찾더라고. 아이는 있는 대로 짜증을 부리면서 "엄마가 또 마음대로 치웠지?"라고 나에게 책임을 전가했고, 나는 뒷목에서부터 열이 뻗쳐올랐지.

그 순간 나는 셔터를 내려 스스로를 보호하는 상상을 했어. 내 분노뿐만 아니라 아들의 감정으로부터 나를 보호하는 상상. 어차피 아들의 감정은 나와 상관이 없으니, '그건 너의 분노이고 너의 짜증이야'라고 조용히 선을 긋는 거야. 아들이 나에게 책임을 전가하는 것도, 그리고 그렇게 말하는 말투도 전부 받아들이지 않았어. 그러자 날선 분위기가 순식간에 바람 빠진 풍선처럼 차분히 가라앉았지. 목에 핏대를 세우며 싸움에 응하는 대신 가만히 있자, 아들은 알아서 다시 가방을 찾기 시작했어. 5분쯤 지나 아들은 산더미처럼 쌓인 옷가지 아래서 가방을 찾아냈고, 우리는 둘 다 에너지를 아낄 수 있었지.

나를 미치게 만드는 것들은 대개 사소한 일이야. 아마 너를 포함해 대부분의 사람들이 공감할 거야. 그때의 감정이란 마치 상자를 열자마자 밖으로 튀어나와 공기를 빨아들이며 집채만 하게 커지는 코끼리 풍선 같아. 그럴 땐 심호흡을 하고 스스로를 객관적으로 관찰하면서 풍선의 바람을 빼는 게 중요해. 그러면 내가 내 감정을 다스리고 있다는 느낌이 강해지거든. 누가 혹은 무엇이 나를 화나게 하고 자극하는지를 내가 결정하는 거야. 우연히도 오늘 아침 작가인 친구에게 페이스북 메시지를 받았어.

"논쟁이 필요한 상황이 생겼을 때, 우선 스스로에게 이렇게 물어볼 거야. '과연 내가 주인공인 서커스인가? 난 이 서커스 공연을 하고 싶은 건가?'라고 말이야."

좋은 아이디어지 뭐니. 나를 자극하는 모든 것에 반응할 필요는 없어. 물론 한 발 물러서는 게 늘 가장 좋은 선택지는 아냐. 난 언제든 나를 뒤흔드는 차가운 파도에 몸을 던져 의논하고, 싸우고, 의견을 피력할 거야. 그럴 때 심호흡과 자기 관찰이 마치 잠수복처럼 나를 지켜주겠지. 그러니까 감정을 있는 그대로 느끼고 필요한 경우 반론하며 싸우되, 부정적인 감정이나 상황이 내 중심까지 좀먹도록 두지 않으면 돼.

이후 2주 동안 계속해서 명상과 호흡을 연습했어. 아침마다, 그리고 시간이 날 때마다 5분씩 내 마음과 현재의 상태를 살피고, 답답할 때는 심호흡을 했어. 내뱉는 숨결에 마음의 짐을 실어 내보내듯이 말이야. 거대한 코끼리 풍선에서 바람을 빼는 것처럼. 효과는 점점 좋아졌어. 어느 정도 나를 객관적으로 바라보는 데 익숙해졌으니, 이제 그 능력을 어떻게 사용할지 생각할 때야.

감정에는 해석이 필요한 메시지가 숨어 있다

과연 나는 감정을 가진 존재일까, 아니면 감정 그 자체일까? 고민해볼 만한 가치가 있는 질문이야. '나는 감정을 가진 존재이지 감정 그 자체가 아니다'라는 말은 이번 달 미션을 수행하는 데 도움이 되긴 했지만 의문을 남기기도 했어. 과연 여기서 말하는 '나'란 도대체 누구일까? 감정을 갖는다는 것과 감정 그 자체를 철저하게 구별할 수 있을까? 결국 우리 인간을 유일하고 흥미로운 존재로 만드는 건 생각과 감정이 아닐까? 생각과 감정을 몰아내는 게 아니라 더 자세히 바라보아야 하는 게 아닐까? 다소 쌀쌀했던 6월 어느 저녁에 발코니에 앉아 추위에 관해 명상했어('난 추위를 느끼는 거지 추위가 아냐!'). 집으로 들어가 재킷을 가져오는 대신에 추위를 있는 그대로 인식한 거지. 내 몸이 보내는 신호를 정확하게 파악했으니 긍정적인 자기돌봄이었다고 생각해.

생각지도 못한 감정이 갑자기 모락모락 피어났을 때도 마찬가지로 그 감정을 그대로 느끼되 감정에 휘둘리지 않는 게 좋아. 구린내를 풍기는 커다란 개가 나를 덮쳤을 때 옆으로 밀어버리는 건 임시방편일 뿐이지. 장기적으로는 "앉아!"를 가르쳐 그 개를 길들이는 게 훨씬 도움이 되지 않겠어? 그리고 그 개가 나에게 전하고픈 메시지가 무엇인지, 왜 하필 지금 이 순간에 굳이 나에게 왔는지, 내가 무의식적으로 그 개를 불러낸 것은 아닌지 생각하는 거야. 많은 심리치료사들이 내면의 '트리거(도화선)'를 찾아내고 지금까지와는 다른 방식으로 다뤄보라 조언하는 것과 마찬가지야.

우리 아들을 예로 들어볼게. 아이가 온갖 히스테리를 부리며 사라진 운동 가방을 찾고 있는 꼴을 보다가 내 복장이 터지기 전에, 내 자신에게 이렇게 물을 수 있어.

'침착하고 태연한 반응을 보이는 게 어렵나? 난 내 아들과 나를 동일시하나? 어쩌면 화가 나더라도 꾹 참아야 하는 어른인 내가 저렇게 솔직하게 분노를 폭발시키는 열두 살짜리 아들을 보고 부러움을 느끼는 건 아닐까?'

감정에는 메시지가 있어. 그걸 해석하려고 노력하지 않으면 그 감정이 실제로는 무엇이었는지 영영 알 수 없게 되지. 그건 정말 안타까운 일이잖아.

분노의 사촌 중에 아주 고약한 놈이 하나 있는데, 바로 질투야.

물론 지금의 나는 그런 불편한 감정 따위 심호흡 한 번에 날려버릴 수 있어. 남과 나를 비교하고 질투하면 결국 불행해질 뿐이니까. 그렇지만 질투라는 감정을 제대로 마주보지 않고 계속 무시하면 종국에는 그 감정이 눈덩이처럼 불어나 되돌아오곤 해. 남의 말을 건성으로 듣는 사람에게 제발 잘 들어달라고 고래고래 소리를 지르게 되는 것처럼 말이야.

사실 나는 여태까지 질투야말로 나에게 부족한 면이 무엇인지 보여주는 온도계 같은 것이라고 생각했어. 몇 년 전에 친구와 그 남편이 정원이 딸린 넓은 집을 샀을 때, 부러워서 속이 쓰릴 지경이더라고. 난 대도시의 고택을 좋아하는지라 친구가 산 주택 스타일을 원하던 것도 아닌데 말이야. 그게 왜 그렇게 거슬렸는지 조금 생각해보니 알겠더라. 나한테는 문을 열고 한 발만 내디디면 나갈 수 있는 데크가 없거든. 데크에서 바라볼 수 있는 녹색 정원도 없고. 얼마 후 우리도 별장지에 있는 통나무집을 구입했고, 난 비로소 데크를 가질 수 있었지. 그러니까 질투라는 아주 예민한 센서를 그저 끄려고만 하는 건 현명하지 않은 행동이야. 그보다는 질투심을 체계적으로 활용하는 방법을 알아야 해.

물론 앞서 말한 일화는 질투의 사소하고 밝은 측면일 수 있어. 나를 덮쳐오는 개를 길들였다면 여기서 한 발 더 나아가야 해. 어느 날 메일 한 통이 도착했어. 어떤 잡지에 글을 기고했는데, 편집자 눈에 차지 않았던 모양이야. 물론 그런 메일이 불만스럽다는 건 아냐. 글에 대한 지적은 편집자가 마땅히 행사할 권리니까. 그렇다면 반대로 그 피드백을 받고 화가 나는 건 내 권리지. 부정적인 피드백은 결국 일을 더 해야 한다는 뜻이고, 직업적으로 내가 잘한다고 생각했던 일을 지적당하면 상처받는 게 당연하니까. 그 이메일을 읽으면서는 분통이 터지더라고. 마치 내가 아무 생각 없이 일하고 있다는 듯한 고압적인 말투! 심지어 15년 전부터는 원고료가 늘기는커녕 줄어들었고, 난 그걸 감수하면서까지 이 일을 하고 있는 건데!

그런 때야말로 냄새나는 개를 그저 밀어낼 수만은 없다고 생각했어. 개를 길들이는 데는 시간이 필요해. 우선 나 자신과 나의 감정 사이에 거리를 두어야 해. 그런 다음 무엇이 나의 분노 트리거를 당겼는지 가만히 생각하는 거지. 그게 나와 무슨 상관인지, 나는 그것에 왜 연연하는지도.

그럴 때 도움이 되는 오랜 조언이 있어. 마음이 복잡할 때는 우선 한숨 푹 자라는 거야. 다음 날이 되면 상황을 더 명료하게 판단할 수 있으니까. 전문가도 아닌 주제에 너무 거만했나? 사실 말은 쉽지만 어려운 일이지. 어쩌면 편집자의 이메일이 내가 은연중에 불만스럽게 여기던 지점을 건드렸는지도 몰라. 남에게 존중받지 못하고, 보수도 제대로 받지 못한 채 혹사당하기만 한다는 생각 말이야.

아무튼 그 이메일은 편집자가 본인의 업무를 충실히 수행한 결과물이지 절대 개인적인 악감정은 아니었어. 오히려 내가 다시 스스로에게 집중하고 더 심혈을 기울여 일하게 만든 좋은 계기였지. 그 글만 마감하면 아마 그것이 그 편집자와 일하는 처음이자 마지막 작업이 될 거야. 그래야 둘 다 얼굴 붉히지 않고 원만하게 마무리할 수 있고, 나는 분노를 제어하되 그 감정 뒤에 숨겨진 메시지를 무시하지 않을 수 있으니까.

분노라는 이름의 개는 몸을 푸르르 털더니 내 발치에 가만히 엎드려 앞발 위에 머리를 올리고 말했어.

"그래, 그렇게 하면 나는 다시 떠날 거야."

아주 착한 녀석이야.

'뜨거운 감정'엔 거리가 필요해

감정을 다스리는 데도 어느 정도 익숙해진 어느 날, 헤세의 시 구절을 계속해서 읊조리다가 새로운 연습 방법이 떠올랐어. 분노를 다스리는 것처럼 행복 또한 다스리는 거야. 불교의 가르침에 열중하던 지인이 기쁨, 행복, 환희 같은 감정과도 거리를 둘 필요가 있다고 조언한 적이 있거든. 나는 항상 너무 빨리 불이 붙는 스타일이라 뜨거운 감정 때문에 위태로워질 수 있다면서 말이야. 그런데 기쁨이나 행복 같은 긍정적인 감정과 거리를 둔다니, 자기돌봄과 전혀 상관이 없는 조언이 아닌가 싶기도 했지.

하지만 조금 더 깊이 생각하니 그 지인이 무슨 말을 하려던 건지 알겠더라고. 생각의 방향을 달리하라는 거야. 불교도들은 고대 스토아학파나 이슬람교 수피파처럼 균형 잡힌 삶과 중용을 중시하고 감정적인 기복을 멀리하지. 즉 부정적인 감정 때문에 기분이 가라앉는 것뿐만 아니라 긍정적인 감정 때문에 흥분하는 것도 경계해. 그래서 평정심을 기준으로 기분의 업 다운이 너무 극단적으로 치닫지 않도록 조절하는 방법을 익히는 거야.

나름대로 이유가 있는 삶의 방식이겠지. 불같던 사랑도 언젠가는 평온한 감정으로 바뀌는 것처럼. 매일같이 성공의 기쁨에 젖어 있지는 않은 것처럼. 우린 부정적인 감정에 익숙해지는 것처럼 긍정적인 감정에도 익숙해져. 만약 긍정적인 감정만 추구한다면 찰나의 기쁨에 목이 말라 평생을 결핍된 채로 살아가겠지. 감정을 담담하게 받아들이는 태도는 결국 우리 마음을 아끼고 보살피는 방법일지도 몰라.

난 언제든 새로운 것을 배울 준비가 된 사람이야. 그러니 한두 번 정도는 불교의 가르침에 따라 행복한 감정과 약간의 거리를 두고 관조해볼까 해. 예를 들어 독자로부터 좋은 피드백을 받아 기쁠 때, 여름날 저녁 남편과 나란히 앉아 흐르는 강물을 멍하니 바라보듯이 잔잔한 마음으로 그 감정을 관찰할 거야. 그건 마치 애써 숨을 참는 것처럼 답답한 일일 테지. 자유롭게 호흡하지 못하고 숨이 콱 막힌 기분이 들 거야. 행복한 감정이 싹틀 때 일부러 그 싹을 잘라버려야 하니까 말이야.

솔직히 말해 난 헤르만 헤세보다는 캐나다 시인인 몰리 피콕Molly Peacock이 더 좋아. 피콕의 시 중 '나는 왜 불교도가 아닌가'라는 작품에 '나는 욕망을, 원하는 상태를, 그것을 얻는 방법에 대한 생각을 사랑한다'라는 구절이 있어. 이어서 '갑자기 너트파이가 먹고 싶다는 욕망이 삶과 죽음에 얽힌 문제보다야 중요치 않겠지만, 그럼에도 접시 위에 놓인 파이 한 조각은 의미가 있다'라는 구절도 있지. 욕망은 왜 추하고 불행한 것이라 치부될까? 인간의 욕망 때문에 이 세상이 산산조각 나서 그런 걸까? 욕망을 추구하는 건 자연스러운 이치일 텐데 말야.

갑자기 너트파이가 먹고 싶어졌어. 우선 파이를 먹고, 몰리 피콕의 시를 학급문집에 적어 넣을 예정이야. 아버지가 써준 헤세의 시 옆 빈자리에 말이야. 헤세의 시를 무시하고 싶어서가 아니야. 두 편의 시 모두 각자의 자리가 필요하다고 생각해서지.

베레나가

베레나에게

너트파이와 불교에 관한 편지, 인상 깊게 읽었어. 네 회의적인 관점에 어느 정도 동의해. 넌 항상 감정이란 가치 있는 것이고, 경험하고 느끼며 표현되어야 하는 거라고 말했지. 맞는 말이야. 요즘 심리치료사들은 사람들이 자신의 감정을 제대로 인식하고 분노나 슬픔, 기쁨, 놀람 등이 말하고자 하는 바가 무엇인지 느끼는 방법을 배워야 한다고 강조하거든.

하지만 아무리 그런 방법을 배우고 감정을 다스릴 수 있게 되더라도 격한 감정에 휩싸이거나 부정적인 감정에 질질 끌려다닐 수밖에 없는 때가 있어. 분노에 잠식되면 감정이 걷잡을 수 없이 퍼지고 마니까. 오늘날 우리는 매 순간 대중매체에 자극당하고, 바쁘고 정신없는 일상을 보내느라 감정 과잉 상태로 허우적대고 있어. 그리고 우리가 자주 느끼는 감정이란 대개 분노, 불쾌, 근심 걱정, 무력함 등이지.

많은 성인들이 만성적인 스트레스 상태에 빠져 늘 혈중 코르티솔 농도가 높고, 그 때문에 항상 도망치고 싶거나 싸우고 싶다는 충동을 느끼곤 해. 스트레스 상태일 때 사람은 터널 시야*에 갇혀 타인을 적으로 간주하고 모든 것을 부정적으로만 받아들이게 돼. 그래서 훨씬 예민해지고 방어적인 태도를 보이곤 하지. 시야를 가로막고 올바른 생각을 못 하도록 방해하는 존재를 거대한 개로 묘사한 건 정말 탁월한 비유야.

지속적인 스트레스는 부정적인 감정을 더욱 강하게 만들기 때문에 감정이 덮쳐오고, 스트레스와 압박이 느껴지는 순간을 알아채는 게 아주 중요해. 그렇다면 과연 어떻게 그 순간을 알아채고 격렬한 감정에서 벗어날 수 있을까?

존 카밧진은 마음챙김 명상과 장기적인 연습을 통해 갑작스레 생겨난 감정과 그에 따른 반응 사이에 거리를 둘 수 있다고 조언했어. 그 거리란 말하자면 감정을 인식하고, 감정이 더 격렬해지

* 마치 터널 속에서 터널의 출구를 바라보는 모양처럼 시야가 제한되는 현상. 터널 시야에 빠지면 특정한 것만을 바라보고 나머지는 보지 못하게 된다. _역주

지 않도록 만드는 공간이야. 이런 공간을 만드는 데 효과적인 것이 너도 이미 배운 적 있는 '내면의 관찰자'라는 연습이지. 분노나 두려움 같은 감정이 점점 그 영역을 넓힌다는 느낌이 들면, 얼른 충분한 공간을 확보해서 그 감정이 더 이상 자리를 차지하지 않도록 해야 해.

너도 이 연습 방법이 마음에 들었던 모양이지만, 일상생활에 자주 적용하지는 못한 것 같아 아쉽네. 그래서 부분적으로만 효과가 있다고 느꼈던 것 아니니? 자신의 감정적인 반응을 더 조심스럽게 대하는 태도도 일종의 자유라고 생각해. 이와 관련된 내 경험을 들려줄게.

예전에는 아들의 성적이 그리 좋지 않을 때마다 화가 나곤 했어. 아들이 얼마든지 더 잘할 수 있는 아이라고 생각했기 때문이야. 곧 아들의 선생님에게도 불만이 생겼고 아들을 이해할 수 없어 모든 것에 짜증이 났어. 그러다가 어느 순간, 그 모든 게 화풀이였다는 걸 깨달았지. 난 분노와 걱정을 쏟아부을 화풀이 대상을 찾고 있었던 거야. 그때의 나에게는 상황을 과대평가하지 않고 분노를 그저 느끼는 방법이 도움이 됐어. 아들에게 "이번엔 성적이 별로네." 라고 말하고 마는 거야. 물론 화도 나고 조금 슬프기도 하지만, 그 감정을 폭발시키지 않는 거지.

감정을 제어하려고 애쓰지 않아도 돼. 그저 그 감정을 느끼고, 그게 계속해서 몸집을 부풀리지 않도록만 하면 돼. 안드레아스 크누프는 감정이 우리 삶에 미치는 영향에 대해 강조한 바 있어. 그에 따르면 어떤 상황이 닥쳤을 때 맨 처음 드는 감정, 그러니까 분노, 슬픔, 두려움, 기쁨 등을 우선 느끼고 받아들이는 것이 중요하다고 해. 이렇게 순간적으로 드는 감정을 크누프는 '1차적 감정' 혹은 '깨끗한 감정'이라고 불렀어.

그런데 우리는 이런 감정을 정확히 느끼려 하지 않는 경우가 많아. 게다가 이런 감정이 생겼을 때 상황을 과대평가하거나 과대망상해서 부정적인 생각, 혼란, 질투에 빠지며 감정을 더욱 부풀리기도 해. 그렇게 부풀려진 감정은 '2차적 감정'이라 할 수 있어.

2차적 감정은 제어하기 어려운 1차적 감정을 덮어버린다는 장점이 있지만, 시간의 흐름에 따라 차차 사라지기보다는 오히려 점점 더 커져버린다는 단점도 있어. 그러니 한껏 부풀어 오른 감정에서 바람을 빼버리는 게 중요해. 크누프는 그래야 슬픔 같은 1차적 감정을 의식적으로 느끼고 소화해낼 수 있다고 했어.

다른 연구 결과에 따르면, 분노라는 감정에 계속 매달리고 과잉반응을 할수록 심혈관 질환에 걸릴 가능성이 높아진다고 해. 의식적으로 감정을 인식하고 받아들이는 연습이 건강에도 도움이 된다는 증거지.

내가 너무 과장해서 마음챙김을 홍보한다고 생각할지도 모르지만, 어쨌든 베레나 네가 앞으로도 계속 침착한 상태에서 너의 감정을 명확하게 인식하고, 이해하고, 거리를 두었으면 좋겠어. 감정의 흔적을 좇는 연습은 스스로를 이해하고 자신과 더욱 가까워지는 데 도움이 되기도 해.

그리고 긍정적인 감정과 거리를 둘 뿐만 아니라 때로는 긍정적인 감정을 '끊는' 것도 좋은 방법이라고 봐. 어떤 감정이 생겨나든 기복 없이 침착한 것은 세상을 있는 그대로 바라보는 훌륭한 태도거든. 미국의 티베트 불교 승려인 페마 초드론Pema Chödrön은 희망과 공포가 서로 연결돼 있고, 공생하는 관계이니 모든 감정을 먼 거리에서 침착하게 바라보는 것이 중요하다고 강조했어. 인지행동 치료법 중 하나인 수용전념 치료Acceptance and Commitment Therapy가 이와 비슷한 개념이야.

수용전념 치료 또한 내면에서 발생하는 감정을 모두 동등하게 대하라고 해. 감정이 저절로 더 나아지거나 다른 것으로 바뀌기를 바라지 말고, 긍정적인 감정만을 추구하지도 말라고 가르치거든. 난 이 가르침이 마음에 들어. 사실 어린 시절에, 그리고 갓 성인이 됐을 때 난 꽤 감정 기복이 심하고 어떤 감정이든 지나치게 부풀려서 받아들이는 사람이었어. 한껏 고조됐던 기분이 순식간에 나락으로 떨어지는 극단적인 변화를 계속 겪다 보니 별것 아닌 일에도 쉽게 충격을 받곤 했지. 스스로 상황을 악화시키고 제 발로 그 안에 들어간 꼴이었달까.

그렇다고 남편과 편안한 저녁을 보내는 소소한 행복까지 즐기지 말라는 뜻은 아니야. 실컷 기뻐하고 인생을 온전히 즐기는 건 좋은 일이니까.

안네가

일상 속에서 화를 끊어보기

자신의 감정을 제대로 인식하고 올바르게 표현할 수 있나요? 혹은 자신의 감정이 어떤지 잘 모르겠나요? 감정이 급격하게 고조됐다가 빠르게 사그라지나요? 여러분이 가장 먼저 해야 할 일은 평소 자신의 감정을 어떻게 다루고 있는지를 명확하게 파악하는 것입니다. 과연 나는 평소에 감정을 어떻게 다루었는지 더 깊이 알고 싶다면 이번 달 미션을 따라 해보세요.

제3자의 시점에서 내면을 관찰하다 보면 감정을 더 제대로 느끼고 구분할 수 있습니다. 감정에 떠밀리거나 휩쓸리지 않고도 말이죠. 감정의 흐름을 의식적으로 관찰하는 데는 마음챙김 명상도 도움이 됩니다. 감정은 계속해서 우리를 지배하는 게 아니라 시간이 지나면 누그러지죠. 예를 들어 잠자리에 들었다가 다음 날 일어나면 전날의 감정이 어느 정도 가라앉는 것처럼 말이에요.

이제 다시 화를 끊는 연습에 관해 이야기해볼까요. 아마 대부분의 사람들이 분노에 사로잡혀 어쩔 줄 모르는 상태에 빠지고 싶지 않다고 생각할 겁니다. 짜증이나 괜한 걱정, 화, 기타 부정적인 감정에 에너지를 너무 많이 소모하고 스스로를 좀먹는다면, 앞으로는 그런 상황이 닥쳤을 때 자신을 똑바로 보고 끓어오르는 감정과 거리를 두어야 합니다. 다이어트나 금연과 마찬가지로, 화를 끊는 연습에도 시간을 오래 들여야 해요. 처음에는 우선 한 달 동안 천천히 화를 줄이는 연습을 하고, 스스로의 모습과 감정 상태를 관찰해보세요.

화를 잘 내지 않거나 혹은 화가 나더라도 그런 모습을 남에게 보이기를 꺼리는 사람이라면 화를 끊는 연습이 오히려 독이 될 수 있습니다. 그럴 때는 화를 억누르기보다 우선 내면을 섬세하게 관찰하는 연습을 해야 합니다. 그래야 여러 감정 중 특정한 순간에 느껴지는 감정이 무엇인지 정확히 캐치할 수 있습니다. 짧은 명상을 거듭하다 보면 분노나 짜증을 더 뚜렷하게 인식할 수 있을 거예요.

감정을 소모시키는 험담을 줄이려면

여러 사람이 모여 수다를 떨고 남의 험담을 하는 건 누가 봐도 좋지 않은 모습이죠. 하지만 이런 행동에도 아주 중요한 사회적 기능이 있다고 말하는 과학자들이 많습니다. 다만 같은 동네에 산다거나 같은 직장에 다니는 등, '적절한' 그룹에 속한 사람들이 모였을 때만 그렇다고 해요. 오늘날 우리는 소화해낼 수 있는 것보다 훨씬 많은 사람들과 매우 복잡다단한 관계를 맺으며 살아갑니다. 그러다 보니 다른 사람의 말과 행동을 두고 지나치게 감정을 소모하며 험담하는 사람도 적지 않죠. 만약 여태까지 다른 사람을 지나치게 신경 쓰며 살았다면 '험담 다이어트'를 시도해보세요.

앞으로 2주 동안 다른 사람의 행동, 말, 다른 사람이 소유한 것, 사무실이나 모임 등에서 발생하는 모든 일 등 여러분의 감정을 자극할 수 있는 것들을 무시하고, 자기 자신에게 일어나는 일에만 집중하는 겁니다. 그리고 어떤 변화가 일어나는지 느껴보세요. 이 연습을 시작하자마자 타인의 말과 행동을 곱씹어 생각하는 시간이 줄어들 겁니다. 그리고 스스로를 타인과 비교하며 쓸데없는 걱정을 하거나 스트레스 받는 일도 줄어들 테고요. 기분이 훨씬 나아지는 것을 느꼈다면 험담 다이어트를 장기적으로 이어가면 됩니다.

나에게 던지는 질문

☑ 어떤 감정을 자주 느끼고 어떤 감정을 드물게 느끼나요? 혹은 애써 억누르며 기피하는 감정이 있나요?

☑ 짧은 순간 타오르다 꺼지는 분노와 길게 이어지는 분노의 차이를 알고 있나요? 각각의 분노 상태에서 벗어나는 데 도움이 되는 방법은 무엇인가요?

☑ 최근 외부적 혹은 내부적인 이유로 격앙된 적이 있나요? 나중에 다시 생각해봤을 때도 타당한 분노였나요?

변덕스러운 감정, 슬기롭게 다스리는 법

감정 조절 배우기

이번 장을 읽으면서 스스로가 짜증, 분노, 절망 등의 부정적인 감정을 자주 느끼고, 때때로 너무 격한 감정 때문에 무서워질 정도라고 깨달았다면(스스로가 그렇게 느낀다면 주변 사람들도 똑같이 느낄 것입니다) 감정을 조절하는 방법을 먼저 배워야 합니다. 현재 느끼는 것이 어떤 감정인지 인식하고, 그것을 제어할 수 있어야 안정적인 일상이 유지되기 때문이죠. 혼자 하기 어렵다면 책이나 전문가의 도움을 받아도 좋습니다.

있는 그대로 받아들이기

모든 것을 있는 그대로 받아들이라니, 말은 쉬워 보이지요. 그런데 실제로도 어렵지 않은 일입니다. 수용전념 치료법을 활용하면 여태까지와는 다른 관점에서 일상의 어려움과 감정을 대하는 법을 배울 수 있습니다. 러스 해리스Russ Harris의 수용전념 치료법 혹은 ACT 관련 서적을 참고해도 좋습니다.

어린 시절의 감정 이해하기

때때로 타인에 대한 분노가 갑자기 폭발하는 경우가 있습니다. 아무런 이유도 없이 말이죠. 혹은 아주 사소한 일에 '꼭지가 돌아버리는' 경우도 있고요. 이렇게 설명하기 힘든 강렬한 감정은 어린 시절의 경험과 관련이 있습니다. 그래서 전문가들은 어렸을 때의 감정을 똑바로 마주하고 이해해야 현재의 나 또한 변할 수 있다고 합니다. 이와 관련해서는 심리 전문가인 슈테파니 슈탈Stefanie Stahl의 책 『내 안의 그림자 아이』를 추천합니다.

마음챙김 연습하기

명상이나 마음챙김을 도와주는 스마트폰 앱의 도움을 받아도 좋아요. 요즘에는 이런 앱이 시중에 많이 나와 있거든요. 세븐마인드7Mind나 헤드스페이스 같은 앱을 추천합니다. 로이파나 대학교의 심리학자들이 연구한 바에 따르면 회복탄력성과 스트레스 해소법을 연습하는 것도 중요하다고 합니다. 특히 일터에서 말이죠. 그래야 감정을 제대로 챙길 수 있습니다.

#Monthly Challenge

July

7월

온전한 몰입을 위한 단 20분의 기분 좋은 고독

✷

✵

느리게 감상하기

▷▷▷▷▷

이번 달에는 박물관이나 미술관을 적어도 두 군데 방문하도록 해. 그곳에서 평소와는 다른 방식으로 예술 작품을 감상하는 거야. 전시관을 이리저리 돌아다니다가 직감적으로 끌리는 그림이나 조각을 한 점 골라. 그리고 그 앞에서 20분 정도 머무르면서 그 작품이 너에게 어떤 영향을 미치는지를 그저 느껴봐. 20분이 지나면 자리를 옮겨서 마음에 드는 작품을 두 점 더 찾고, 그 앞에서도 각각 20분씩 가만히 앉아 있어보는 거야. 이렇게 그림을 천천히 들여다보는 방식을 '슬로 아트'라고 한단다.

이건 일반적인 관람 방식과는 달라. 작품에 관한 지식이나 시대적 순서는 아무 상관없거든. 그러니 작품 옆에 붙은 제목이나 해설을 자세히 읽지 않아도 돼. 그냥 그 작품이 너에게 건네는 말을 듣고 느끼면 그만이야. 무엇이 보이는지, 어떤 감정이 느껴지고 어떤 감정이 스쳐 지나가는지, 작품을 바라보는 시간이 지날수록 어떤 변화가 일어나는지 스스로에게 물어봐. 그리고 그 작품이 개인적으로 어떤 의미인지도 생각해보렴.

작품 앞에서 보내는 시간을 잴 필요는 없어. 15분 정도 지났는데 그 작품이 더 이상 의미 있게 느껴지지 않는다면 과감히 이동해도 좋아. 다만 관찰 시간이 부족해서 아무것도 느껴지지 않았을지도 모르니, 충분한 시간 동안 작품 앞에 머물러야 해.

안네에게

아침마다 그날 처리해야 할 수많은 일들 때문에 지끈거리는 머리를 감싸며 눈을 뜨고, 밤이면 다음 날이 걱정돼 잠이 안 올 때 넌 뭘 하니? 당장 인내심과 안정, 그리고 기분 전환이 절실히 필요한 그 순간에 말이야. 질문은 하나지만 답변은 여러 가지겠지? 예를 들어 조깅을 하거나 사우나에 가거나 마멀레이드를 만들 수 있을 거야. 그런데 나만의 '안전 조치'는 조금 달라. 난 박물관이나 미술관에 가거나, 소설로 도망치거나, 좋아하는 음악을 듣거든. 창의적이고 아름다운 것들이 내 피난처란다. 해외여행이나 무료 와이파이는 얼마든지 포기할 수 있어. 하지만 더 이상 보거나 읽거나 들을 것이 없다고 생각하면 삶의 기쁨이라는 수도꼭지가 완전히 잠겨버린 기분이 들어.

이 주제에 관해서 요가 강사랑 설전을 벌인 적이 있어. 부드럽고 온화한 사람이랑 대화한 내용을 설전이라고 부를 수 있다면 말이지만. 아무튼 요가 강사는 나더러 예술 작품을 가까이할수록 나의 본질과 멀어질 수 있으니 조금 더 내면에 집중하라고 했어. 그래서 나는 반대로 예술의 의미에 대해 역설했지. 미국의 비디오 아티스트 빌 비올라Bill Viola의 설치 미술이라든가 이스라엘 작가 제루야 살레브Zeruya Shalev의 소설, 얼터너티브 록 밴드 만도 디아오Mando Diao의 앨범 같은 것들이 내 삶의 진정한 의미라고 말이야. 그리고 그런 예술 작품에 집중하는 것이 본질과 멀어지는 게 아니라 오히려 내면을 충만하게 만드는 일이라고 주장했어. 별 소득은 없었지만.

『해리 포터』 시리즈의 팬들이라면 잘 알겠지만, 해리는 호그와트 마법 학교에 가기 위해 9와 4분의 3 승강장에서 기차를 타야 했어. 예술 작품은 말하자면 그 기차를 잡아 탈 필요 없이 호그와트 마법 학교로 갈 수 있는 방법이야. 여하튼 이런 얘기를 나눈 다음 요가 수업이 시작됐는데, 강사가 그날따라 다운독 자세*를 오래 시키더라고. 유난히 힘든 동작인데 말이지. 아무래도 심술이 나서 일부러 그런 것 같아. 물론 심증만 있지만 말이야.

---

* 개가 기지개를 켜는 모습을 형상화한 자세로 아도무카스바나사나 혹은 견상자세라고 한다. 엉덩이를 들어 올리고 팔과 다리를 쭉 편 자세. _역주

아무튼 나는 아름다운 것들을 좋아하기 때문에 이번 달 미션을 듣고 기뻤어. 예술로 자기돌봄을 연습할 합리적인 이유가 생긴 거니까! 네게는 한 번도 말한 적 없는 것 같은데, 난 이미 1990년대부터 예술로 자기돌봄을 하고 있었거든. 뮌헨의 수많은 박물관과 미술관이 나의 제2의 고향이나 마찬가지야. 특히 삶의 고비가 찾아오면 일요일마다 박물관과 미술관에 가서 위안을 얻었지. 당시에는 연애 문제로 수렁에 빠지는 일이 잦았거든. 그중에서도 렌바흐하우스 미술관에서 아주 오랜 시간을 보냈어. 그때는 그곳의 그림들이 절친한 친구보다 내 마음 속에서 일어나는 일들을 더 잘 알고 있었을지도 몰라.

지금은 함부르크에 살지만, 다행히 나만큼이나 예술을 사랑하는 남자와 결혼했어. 대개는 남편과 함께 미술관에 가는데, 가끔 기회가 있으면 뮌헨에 살았을 때처럼 혼자서 전시회를 보러 가기도 해. 혼자 목욕하며 심신의 피로를 푸는 것처럼, 나는 혼자서 그림과 생각의 욕조에 풍덩 빠지는 게 좋아. 내가 원해서 고독해지는 순간은 자기돌봄에 아주 좋다고 생각해. 어쩔 수 없이 계속 타인과 대화하는 건 원치 않은 고독만큼이나 스트레스니까. 혼자만의 시간을 보내는 건 흔치 않기 때문에 더 소중한 기회야. 혼자 뭔가를 하는 걸 어렵게 여기는 사람들을 볼 때마다 난 이런 생각이

들어. '자기 자신과 보낼 수 있는 아름다운 순간을 포기하다니!'

그런데 나에게 딱 맞는 미션을 받았다는 기쁨도 잠시, 갑자기 회의적인 생각이 들더라. 예술은 물론이고 고독의 장점과 긍정적인 효과가 무엇인지 이미 잘 알고 있기 때문이었어. 여태까지 박물관과 미술관에서 수많은 시간을 보냈는데, 이번 달에 새삼 예술 작품을 보러 간다고 새로운 깨달음을 얻을 수 있을까? 예술 작품이 나에게 영감을 주고 나를 행복하게 한다는 걸 이미 잘 알고 있는데? 게다가 이번 미션은 새로운 접근법이었어. 여태까지 내가 예술에 관해 알던 모든 걸 잊고 그저 직감과 충동에 따라 작품을 경험해야 했으니까. 그런 식의 감상은 해본 적이 없어서인지 괜히 걱정이 되더라고.

천천히 바라볼 때
비로소 완성되는 것들

이번 미션에는 '천천히'라는 단어가 붙어 있지만 사실 그런 것 치고는 시간이 많이 걸리진 않아. 20분은 작품을 관찰하는 데 비교적 짧은 시간이잖아. 어쨌든 과제에 따라 박물관이나 미술관 중 두 곳을 골라 방문하고, 각각의 장소에서 몇 가지 작품을 정확하게 관찰할 생각이야. 아주 정확하게! 그림이나 조각, 설치미술 작품 앞에서 20분을 머물면서 자세도 바꿔보고, 작품과의 거리도 바꿔보고, 나에게 찾아오는 모든 인상과 감정과 생각을 느껴볼 거야. 음성 가이드나 안내문의 도움 없이 말야. 이번 달에 일 때문에 이틀 정도 뮌헨에 가야 하는데, 내가 좋아하는 렌바흐하우스 미술관에 들러볼 생각이야.

미술관 로비에 들어서자마자 불쑥 예감 같은 게 들었어. 1월에 명상을 했을 때처럼 이곳에서도 '연결'이 생길 거라는 느낌이랄까. 작품을 만든 사람들은 물론, 작품이 표현하고자 하는 내용과도 연결될 듯한 느낌이 들었지. 미술관은 수백 년을 아우르는 연결의 장場이야. 어쩌면 사람들이 박물관이나 미술관, 고딕 양식의 교회, 아름다운 도서관 등에서 장엄하고 엄숙한 기운을 느끼는 건 그 때문인지도 몰라. 이전 세대 사람들이 그곳에서 했던 생각, 썼던 글, 떠올렸던 아이디어가 온 공간을 가득 채우고 있으니까 말이야.

다만 모든 사람이 이렇게 천천히 감상할 만한 시간을 낼 수 있는 건 아니야. 그럼에도 슬로 아트라는 개념이 어떤 것인지는 다들 이해할 수 있을 거라 믿어. 학교에서 배웠던 지식, 예를 들어 특정한 작품의 제작 시기라든가 의미나 상징 같은 건 잠시 덮어두고 마음에 드는 작품을 직감적으로 고르면 돼.

난 지난 세기에 그려진 거대한 유화 앞에서 서성거리며 어떤 그림이든 나에게 말을 걸길 기다렸어. 그러다 곧 첫 번째 그림을 만났지.

그 그림은 화려한 금빛 액자에 걸려 있었어. 늦여름 전원의 모습이 담긴 그림이었지. 양치기가 양떼를 몰고 저 멀리 산이 보이는 길을 따라 걸어가고, 산은 내리쬐는 햇빛을 받고 있었어. 산 위를 뒤덮은 하늘은 약간 어두웠고, 그림의 왼편에는 어두운 하늘만큼이나 음울해 보이는 농가가 있었어. 길게 자란 풀로 뒤덮인 집 앞을 보니 방 안이 얼마나 어두울지 어렵지 않게 상상할 수 있었지. 그 그림은 영화관 스크린처럼 가로 길이가 세로에 비해 훨씬 길었어. 난 그 앞에 놓인 우아한 의자에 앉아 그림이 나에게 어떤 이야기를 들려줄지 기다렸단다.

잠시 후 애틋한 아련함이 나를 덮쳤어. 그림에서 보이는 늦여름의 풍경, 내가 앉은 의자, 같은 전시실에서 그림을 보며 이야기를 나누는 나이 든 여자들, 그 모든 것이 어릴 적 할머니 집에서 보낸 기나긴 오후를 연상케 했어. 나는 왜 하필이면 외로운 양치기가 길을 나서는 그림을 찾아냈을까?

1월에 명상을 하며 떠올렸던 친구들이 다시 생각났어. 젊은 남자, 수녀, 그리고 바위 말이야. 내 의식의 깊은 곳에서부터 솟아난 상상 속 형체들. 꿈이나 상상 속이 아닌 장소에서도 그런 상징들이 말을 건다는 게 놀랍지 않니? 빳빳한 그루터기만 남은 밭이라는 일상에서 자기인식의 빛이 비추는 산 정상까지 여정을 떠나는 양치기의 모습이 꼭 나처럼 보이더라. 화가가 이걸 그리면서 비슷한 생각을 했는지 여부는 상관없어. 예술 작품에는 늘 여러 가지 측면이 있잖아. 그중 하나가 관람자이니, 원작자의 의도와는 전혀 상관없이 작품을 보고 느끼는 것이 중요하고 또 유효하거든. 특히 지금처럼 마음챙김 연습을 할 때는 더더욱. 미술사에 관한 세미나였다면 얘기가 다르겠지만.

20분 동안 그림을 보고 또 보면서 기술적인 의문이 들었어. 그림을 완성하기까지 오랜 시간이 걸렸을 텐데, 어떻게 한 순간의 빛과 분위기를 담아냈을까? 항상 빛의 밝기가 비슷한 시간대에 그림을 그렸을까? 아니면 그 순간을 사진처럼 기억해두었을까? 화가가 시간 자체를 담아냈다는 느낌이 들자 갑자기 감정이 북받쳤어. 몇 주 혹은 몇 달이고 '바이에른 북부에서 집으로 돌아가는 중인 양떼'와 함께 찰나와 같은 순간을 보낸 거잖아. 감상이 끝난 후에는 그림의 제목을 주의 깊게 읽으면서 화가가 누구인지도 살펴봤지. 독일의 외광파* 회화를 창시한 에두아르트 슐라이히Eduard Schleich the Elder라는데, 처음 듣는 이름이었어.

* 인공적인 조명이 아닌 자연의 빛을 회화적으로 표현하기 위해 야외에서 그리는 화파. 바르비종파와 인상파가 여기에 속한다. _역주

그 그림 앞에서 충만한 시간을 보낸 다음 다시 오래 전부터 알던 화가들(로비스 코린트Lovis Corinth, 프란츠 마르크Franz Marc, 파울 클레Paul Klee 등등!)의 그림이 걸린 전시관 안을 이리저리 돌아다녔어. 그리고 어느 순간 또 다시 가로가 세로보다 훨씬 더 긴 어떤 그림이 눈에 들어왔지. 산과 바다, 실측백나무가 있는 남쪽 어딘가의 풍경과 하늘을 보랏빛과 금빛으로 물들이며 해가 저무는 모습을 담은 그림이었어. 역시 화려한 액자에 걸려 있었는데, 그림 속 하늘의 보랏빛이 그림이 걸린 벽의 색과 비슷해서 더욱 환상적이었단다. 마치 그 부분만 투명해져서 뒤에 있는 벽이 보이는 것 같았달까? 하지만 내 마음을 사로잡은 건 그런 게 아니었어.

더욱 의식적으로,
멈춰 서서, 천천히

그 그림이 양치기 그림보다 최근 작품이라는 점은 한눈에 알 수 있었어. 양치기 그림에 비해 풍경이 덜 사실적이었지만 그곳의 냄새를 맡고 감각을 느낄 수 있을 것처럼 생생하더라. 라벤더, 로즈메리, 바다의 은은한 짠 냄새, 산꼭대기 뒤로 태양이 자취를 감추는 순간 눈 깜짝할 사이에 낮아지는 기온까지.

그렇다고 엽서에 쓰일 만큼 아름답고 목가적인 풍경은 아니었어. 계속 바라볼수록 점점 스산한 기운이 들었거든. 그림 아래쪽에 있는 그림자가 과연 정말로 실측백나무였을까? 아니면 귀신처럼 보이는 관찰자였을까? 만약 귀신이라면 녹색 모자를 쓰고 들판의 집 옆에 서 있는 여자에게 무언가 원하는 게 있었을까? 그렇다면 그건 뭘까? 잠깐, 여자 옆에 한 사람 더 있는 거 아닌가? 숨겨둔 연인인가? 그래서 어두워진 다음 만나는 건가?

그림에 가까이 다가가서 내가 상상한 게 맞는지 확인할 수도 있었어. 하지만 멀리서 선명하지 않은 그림을 봐도 충분히 아름답더라고. 흐릿해 보이는 부분은 내 나름대로 채워 넣었어. 20분이 다 지나고서 그림에 가까이 다가가 살펴봤더니, 처음에 상상했던 것 같은 비밀스런 스토리는 없더라. 실측백나무는 그냥 실측백나무였고, 녹색 모자를 쓴 여자는 혼자였어. 난 다시 발걸음을 옮기면서 때로는 지켜질 때 더 아름다운 비밀도 있다고 생각했지.

미술관 밖으로 나와서야 나는 이번 미술관 방문이 얼마나 독특한 경험이었는지 깨달았어. 이번엔 미술에 대해 새로운 사실을 배우지는 않았지만(독일의 외광파 회화를 창시한 사람이 누구인지만 빼고) 많은 것을 느끼고 보았거든. 평소보다 더 정확히 보았지. 그날 저녁 눈을 감고 내가 보았던 두 작품의 모티프를 선명하게 떠올려봤어. 그랬더니 그림 위를 오가는 붓의 움직임이 3차원으로 보일 정도더라. 미디어에서 평생을 봐왔던 〈모나리자〉나 반 고흐Vincent van Gogh의 〈해바라기〉도 이렇게까지 자세히 기억해낼 순 없을 거야. 그림을 구체적으로 떠올리는 것만으로 생각에 잠길 수 있다니. 주변 사람들, 그리고 나 자신에게 이렇게 온전히 집중할 수 있다면 삶이 훨씬 가벼워질 텐데.

영원에서 다시 영원으로

마지막으로는 함부르크 미술관에 가서 오랜 친구 같은 작품을 만났어. 난 가장 맛있는 걸 마지막에 먹는 타입이거든. 나만의 컬렉션에서 유일하게 구체적인 풍경도, 사람도 아닌 아이디어를 상징적으로 표현한 작품이야. 묵직하고 웅장하고 감동적이면서 인간적인 작품이지. 보고미르 에커Bogomir Ecker의 설치미술 작품인 〈종유석 기계Tropfsteinmaschine〉가 바로 그 주인공이야.

이 작품은 처음 보면 무심하게 지나치기 쉬워. 베이지색 타일이 붙은 지하층 전시관 벽 한편에 마치 기관실과 높은 벽의 샤워실이 합쳐진 것 같은 설치품이 놓여 있는데, 처음 보면 누구나 "이게 대체 뭐야?"라며 당황하기 십상이거든. 유리처럼 투명한 플렉시글라스 벽면 안쪽으로 보이는 높은 천장에는 케이블과 호스가 뒤엉킨 무언가가 매달려 있고, 그 아래로 지저분한 수도꼭지가 늘어져 물을 흘리고 있어. 아주 느리지만 끊임없이.

그게 무엇인지 추측만으로는 알기 힘드니 작품 설명을 반드시 읽어야 해. 이건 건물 밖에서부터 빗물을 흘려보내 2층에 있는 저수지에 모은 다음, 그 물을 지하층에 있는 대리석판으로 다시 흘려보내는, 말하자면 자연의 종유석 동굴을 두 가지 구조물로 형상화한 작품이란다. 수도꼭지에서 흐르는 물은 위에서 아래로 자라는 종유석을, 밑에 있는 대리석 접시는 아래서부터 위로 자라는 석순을 형상화한 것이지. 종유석은 내가 함부르크에 산 20년이 넘는 시간 동안 몇 센티미터 정도 아래로 내려왔어. 석순은 아직 거의 보이지 않는 상태고.

1996년 함부르크 미술관에 설치된 이 프로젝트는 2496년에야 비로소 전시가 끝난다고 해. 예상대로라면 전시가 끝날 때쯤 대리석 접시에서 자란 석순이 5센티미터 정도 될 거라더라. 이 모든 과정이 이미 명시되어 있지만 우리는 그 끝을 보지 못할 거야. 후세 사람들만이 알게 되겠지. 생각할 때마다 전율이 일어. 500년이라는 전시 기간 동안 겨우 5센티미터 자라는 석순이라니!

난 그 앞에 20분 동안 서 있었어. 하루 24시간 동안 우리는 20분간의 관람을 총 72번 할 수 있어. 1년이면 2만 6,280번. 거기까지 생각이 미친 순간 아주 작은 존재가 됐다가 동시에 아주 큰 존재가 되는 기분이 들더라. 1986년 에펠탑에서 그랬던 것처럼 말이야.

예전에는 사람들이 수십 년에 걸쳐 대성당을 지었어. 그때 당시 석공들은 자신이 완성된 대성당을 보지 못하리라는 걸 알고 있었을 거야. 그럼에도 자신보다 훨씬 거대한 무언가를 만들고자 열심히 일했겠지. 양치기 그림을 그린 에두아르트 슐라이히가 그림에 시간을 바친 것처럼 말이야.

보고미르 에커가 이곳에 설치한 작품도 대성당 건축과 같아. 그 앞에 설 때마다 위에서 떨어지는 물방울이 물의 영원함과는 전혀 다르게 보여. 때로는 진주처럼 방울져 떨어지고, 때로는 괴로워하듯 주르륵 흘러내리는 물은 마치 삶과 죽음이라는 자연의 섭리를 그대로 보여주는 것 같아.

이번 미션을 통해 앞으로 더욱 의식적으로 멈춰 서서 천천히 관찰해야겠다고 생각했어. 시간을 들여 시선을 날카롭게 가다듬어야 해. 다른 사람을 위해서, 내가 하고 있는 일을 위해서, 그리고 나 자신을 위해서.

베레나가

July

베레나에게

요즘 사람들은 매일 자극의 홍수에 빠져 있다고 너와 이야기를 나눈 적이 있었지. 이 미디어에서 저 미디어로 빠르게 관심을 옮기고, 하나에 집중하는 시간이 짧아. 미술관에서 예술 작품에 둘러싸였을 때도 뭔가에 쫓기듯 서두르지. 체펠린 대학교의 연구 결과에 따르면 박물관이나 미술관 관람객들이 작품 한 점 앞에서 머무르는 시간이 평균 11초밖에 안 된다고 해. 작품을 자세히 살펴보고 감동을 느끼거나 영감을 받기에는 너무 짧은 시간이지.

미국의 크리에이티브 컨설턴트인 필 테리Phil Terry는 산만함을 고치려고 뉴욕의 유태인 박물관에 가서 추상화가 한스 호프만Hans Hofman의 그림 한 점을 20분 동안 바라보았다고 해. 그가 경험한 바에 따르면 그림을 오래 바라볼수록 더 심도 있게 관찰할 수 있고, 관찰이 결국 경험이자 여행이 되며, 나중에는 뿌듯한 마음으로 박물관을 나설 수 있대. 이 경험을 바탕으로 테리는 친구들을 모아 자신과 같은 방식으로 예술 작품을 감상하는 '슬로 아트 데이' 이벤트를 열었어. 이후 아이디어를 점점 발전시켜 미국과 캐나다의 열여섯 개 박물관 및 미술관과 손잡고 슬로 아트 데이 행사를 진행했지.

슬로 아트 데이가 성공적인 행사로 이름을 날리자 전 세계 박물관과 미술관이 참여하기 시작했고, 관람객은 어디에서나 이 행사에 참가할 수 있게 되었단다(예약은 https://www.slowartday.com에서 할 수 있어).

그렇다면 과연 예술 작품 관람이 자기돌봄과 무슨 연관이 있는 걸까? 이를 이해하려면 '자세히 보기'에 주목해야 해. 수많은 연구 결과에 따르면 빠른 속도로 여러 자극 사이를 이동하는 것이 지속적인 긴장 상태를 유발한다고 해. 또 모니터를 계속 쳐다보며 멀티태스킹을 하면 코르티솔 수치가 높아지고, 이에 따라 만성적인 스트레스와 불안을 느끼게 된대. 다시 말해 우리는 현대적인 미디어에서 눈길을 돌리고 다른 것에 정신을 집중해야 진정한 휴식을 취할 수 있다는 거지. 그래서 멀티태스킹을 포기하고 일부러 인식을 느리게 만드는 행동이 도움이 되는 거야.

미술관에서 그림 한 점 앞에 20분 동안 앉아 있으면 그림에 몰두할 수 있을 뿐만 아니라 전반적인 인식이 느려지고 더욱 강렬해져. 예술 작품 관람이 우리를 안정시키고 이 세상과의 연결을 더 집약적으로 체험할 수 있도록 도와준다는 심리학 연구 결과도 있어. 당연한 말이지만 이런 효과는 〈모나리자〉 앞에서 셀카를 찍거나 최대한 짧은 시간 안에 많은 작품을 보려고 할 때가 아니라, 자신에게 가장 의미 있는 작품을 찾기 위해 집중할 때 발생한단다. 슬로 아트를 하면 작품을 단순히 구경한다는 가벼운 마음이나 작품을 공부해야 한다는 스트레스가 사라지고 작품 그 자체에 열중하는 법을 배울 수 있어.

하버드 대학교 연구진은 예술 작품을 진정으로 바라보고 인식하려면, 그리고 작품과 교류하려면 어떻게 해야 하는지 연구했어. 작품을 관찰할 때의 원칙은 바로 '보고, 생각하고, 궁금해하기See, Think, Wonder'야. 우선 아무런 평가를 하지 않고 풍경이나 사람, 형태나 색 등, 눈에 보이는 것을 인식하고 감각을 집중해야 해. 다음 단계는 스스로에게 질문을 던지고 고찰하는 거야. 나는 이 작품의 어떤 점이 멋지다고 생각하는 거지? 저 그림 속 사람들은 뭘 하고 있지? 이 작품을 보고 다른 작품이나 인물이 떠오른다면 그건 무엇이지? 세 번째 단계에서는 작품의 어떤 점이 놀라운지, 그리고 왜 그 작품 앞에서 오래 머물렀는지, 작품에 대해 어떤 점이 궁금한지 생각해야 해. 이 세 가지 단계를 밟으면 작품을 다양한 측면에서 관찰할 수 있어. 중요한 원칙은 평가하지 않은 상태에서 저절로 발생하는 인식 과정에 최대한 많은 여백을 줘야 한다는 거야. 그래야 평가나 판단에 휘둘리지 않고 그 순간 자체를 섬세하게 느낄 수 있거든.

네가 쓴 편지를 읽고 슬로 아트 체험이 스트레스를 해소하고 인식을 바꿀 뿐만 아니라 스스로와 대화를 나누며 더욱 가까워지는 행동임을 알게 됐어. 바로 이게 우리가 열두 번의 작은 미션에 도전하는 이유지.

안네가

일상 속 슬로 아트

크리에이티브 컨설턴트이자 유명한 작가인 줄리아 캐머런은 독자나 수강생들에게 항상 '아티스트 데이트', 즉 창의적인 소풍을 떠나라고 권합니다. 아티스트 데이트란 여태까지 몰랐던, 혹은 자세히 보지 않았던 사물이나 장소를 관찰하는 것을 말하죠. 반드시 박물관이나 미술관일 필요는 없습니다. 문구점이나 도서관, 식물원일 수도 있겠죠. 아티스트 데이트에는 열린 마음과 호기심이 중요해요. 편견 없는 시선으로 바라보며 마음을 다스리는 겁니다. 그 효과를 직접 느껴보고 싶다면 지금 당장 여러분에게 가장 잘 맞는 장소를 택해 떠나세요. 다만 반드시 혼자여야 합니다. 공원이든 미술관이든, 혼자 그곳에 가서 자신이 느낀 인상을 곱씹어보는 거예요.

최근 몇 년 동안 다양한 분야에서 '슬로'라는 말이 유행하고 있습니다. 뭐든지 천천히 하며 의식적으로 경험하자는 운동이죠. 슬로 워킹Walking에 관한 책도 있고, 슬로 이팅Eating을 강의하는 대학교도 있으며, 슬로 리딩Reading을 위한 독서 모임도 있습니다. 감각적인 경험에

느림과 정확함을 더하면 그 효과는 배가 되죠. 더 많은 것을 더 정확하게 인식하면 아티스트 데이트 후 며칠이 지나든 그때 보았던 것들을 예전보다 더 자세하게 기억할 수 있을 거예요. 더 나아가 이 행위가 예술 작품과 이어지면 자신만의 삶의 주제를 찾는 건 물론, 그 소망에 몰두하는 길까지 발견해낼 수 있습니다

물론 예술 작품을 정확하고 주의 깊게 보는 데에도 한계가 있습니다. 그렇지만 평소 예술이나 문화에 관심 없던 사람이라면 작품을 자세히 관찰하기 시작하는 것만으로도 한층 더 성장할 수 있죠. 예술이나 문화에 일가견이 있는 사람은 슬로 아트를 더욱 매력적이라 느낄 겁니다. 슬로 아트를 통해 마음의 안정을 되찾고 예술 작품과 연결될 수 있을 뿐만 아니라, '작품이 나에게 하고 싶은 말'을 더 강렬하고 깊이 느낄 수 있을 테니까요. 지금부터라도 꼭 이 특별한 나와의 데이트를 떠나보세요. 그리고 그 빈도를 늘려가는 겁니다. 어떤 작품이든 자세히 관찰하다 보면 누구나 안정감과 유대감을 느낄 수 있으니까요.

'인식'을 위한 연습

이번에 소개할 내용은 주변 환경을 더 의식적으로, 집중해서 인식하는 간단한 연습입니다. 항상 돈이나 시간을 소비해가며 아티스트 데이트를 떠날 수는 없으니까요. 이 방법은 비교적 손쉽게, 곧바로 시도할 수 있습니다. 두 가지 연습 방법을 알려드릴게요.

첫 번째 방법: 오감에 집중하기

15분 정도 시간을 내세요. 의자에 편하게 앉아서 눈을 감습니다. 그런 다음 귀에 집중하세요. 주변에서 들리는 다섯 가지 소리를 자세히 들어봅니다. 방 안, 혹은 창문 밖에서 어떤 소리가 들리는지, 어쩌면 그것이 내가 내는 소리는 아닌지 귀 기울여봅니다. 각각의 소리에 일정 시간 동안 집중해보세요. 그 다음은 후각에 집중합니다. 감각을 끌어올려 역시 각기 다른 다섯 가지 냄새에 집중하세요. 그 다음에는 다섯 가지 다른 신체 감각에 집중합니다. 발이 따뜻한지, 손이 차가운지, 등 근육이 땅기는지, 코가 간지러운지 느껴보세요. 몸속의 감각도 느껴봅니다. 이제 눈을 뜨고 주변을 천천히 둘러보면서 다섯 가지 시각적 자극을 인식합니다. 벽의 색, 찬장의 모양, 저 멀리 창문 밖의 풍경 등을요. 연습을 마친 뒤 기분이나 인지 능력이 변했는지 살펴보세요. 이 연습을 하면 대부분 마음이 더 편안해지고 스스로와 더 가까워졌다고 느낀답니다. 어쩌면 새로운 사실을 깨닫거나 주변의 일상적인 모습에 새삼 호기심이 생겼을지도 모르겠네요.

두 번째 방법: 그림 5분 감상법

시각에 의존하는 사람이라면 이 방법이 더 잘 맞을지도 모릅니다. 이것은 슬로 아트의 효과를 집에서 체험할 수 있는 방법입니다. 집에 있는 액자나 화집 속의 그림 앞에 자리를 잡고 앉아 5분 동안 그림을 바라봅니다. 그림의 구석구석을 자세히 관찰하세요. 5분이 지나면 다른 그림을 골라 같은 행동을 반복합니다. 여태까지 눈여겨보지 않았던 상세한 부분이 눈에 띄나요? 작품과 이어지는 기분이 드나요? 일주일 동안 여러 차례 이 연습을 반복합니다. 하다 보면 그림을 관찰하는 시간을 얼마든지 늘릴 수 있고 집중력도 높아질 겁니다.

나에게 던지는 질문

- ☑ 예술 작품을 바라보면서 더 고차원적인 감각이나 깊은 감동을 느낀 적이 있나요?
- ☑ 그림이나 조각 말고 좋아하는 다른 예술 분야가 있나요? 예를 들어 음악이나 연극 같은 것들 말이에요.
- ☑ 최근 아무런 방해도 받지 않고 고도의 집중력을 발휘해 음악을 듣거나 그림을 관람하거나 책을 읽은 적이 있나요? 그때 어떤 기분이었나요?

천천히 나와 마주하는 활동 찾기

슬로 아트 외에도 자기 자신과 만날 수 있는 다른 방법이 있습니다. 여러 대안을 시도해보기 바랍니다.

슬로 리딩

천천히 읽기의 핵심은 책 한 권의 내용을 전부 소화한다 생각하고 책을 읽는 것이 아니라 다른 곳에 한눈을 팔거나 앞서 읽은 내용을 곱씹지 않고 그저 각 단락에 집중해서 읽는 것입니다. 슬로 리딩을 위한 북클럽이나 독서 모임을 찾아도 좋습니다. 집중하지 않으면 끝까지 읽기 힘든, 복잡하고 두꺼운 소설책을 골라 읽어도 좋고요.

슬로 푸드

음식을 천천히 즐기고 다양한 식생활을 추구하는 슬로 푸드는 세계적으로 널리 알려진 운동입니다. 자연주의 방식으로 기른 식재료를 정성스럽게 요리해 천천히 음미하며 먹는 생활방식이지요. 이와 관련한 여러 웹 사이트에서 정보를 얻을 수 있습니다. 중요한 건 천천히 집중하면서 먹기입니다. TV 등을 보지 않고 오로지 음식만을 앞에 두고, 조용하고 안정적인 상태에서 모든 감각을 동원해 음식을 즐겨보세요.

슬로 스포츠

슬로 푸드와 마찬가지로 요즘에는 더 집중해서 스포츠를 즐기거나 조깅 혹은 명상 산책을 하려는 체계적인 움직임이 있습니다. 바로 슬로 스포츠가 그것입니다. 이 주제와 관련해서는 틱낫한Thich Nhat Hanh의 저서 『걷기 명상』을 추천합니다.

#Monthly Challenge

August

8월

일상 속
마이크로 어드벤처,
지금부터 시작!

어제와 다른 새로움 발견하기

▷▷▷▷▷

이번 달의 미션은 뭐든 새로운 것을 시도하거나 배우는 거야! 스포츠, 트레킹, 외국어 등 어떤 것이든 상관없어. 네가 모르는 것 중 관심이 가는 것을 하나 골라 배워보도록 해. 아니면 여태까지 가본 적 없는 도시로 짧게 여행을 떠나도 좋아. 새로운 것을 경험하거나 낯선 곳에 발을 들이면 자신의 새로운 면을 발견하게 되지. 그게 바로 이번 달 미션의 핵심이야. '나한테 이런 면이 있었나?'라고 느끼고 삶의 기쁨을 만끽해보기!

"1년에 한 번쯤은 낯선 곳을 찾아가라."

달라이 라마의 가르침이야. 새로운 길을 걷고 새로운 경험을 한다는 건 나를 더 이해하고 자극하며 스스로에게 질문을 던지는 과정이야. 새로운 모험을 즐기길 바랄게!

August

안네에게

"지금부터 시작!"

책상에 앉아 이 글을 쓰고 있는 순간에도 내 머릿속에서 울리는 문장이야. 아주 간단한 문장이지. 스탠드업 패들링* 강사가 자주 하던 말이야. 패들보드 위에 균형을 잡고 서려면 보드의 양쪽 끄트머리를 잡고 있던 손을 떼고, 위로 추켜올린 엉덩이를 내린 다음, 균형을 잡기 위해 양팔과 손을 올리고 다리를 적당히 벌리는 일련의 동작을 거쳐야 해. 하지만 초심자들은 보드 끄트머리에서 손가락을 떼고 몸을 일으키는 데만도 한세월이 걸리지. 동작을 연습하

* 패들보드에 올라서서 노를 젓는 해양 스포츠의 일종으로, 서핑과 카누를 혼합한 형태이다. _역주

던 중 갑자기 내가 왜 이 스포츠를 배우기로 했는지가 떠오르더라. 다른 운동보다 쉬워 보이면서도 전신을 움직일 수 있고, 자연을 만끽할 수 있는 데다 앞으로 살아가는 데 도움이 될 것 같아서였어. 휘청거리는 보드 위에서 중심을 잡고 서 있는 것만으로도 여러 신체 능력을 향상시킬 수 있을 것 같았거든.

아무튼 허둥지둥하면서 보드에서 떨어지지 않으려고 안간힘을 쓰다 보니 시간이 조금 더 필요하겠다는 생각이 들었어. 운동신경이 뛰어난 젊은이들 앞에서 흉한 모습을 보이기가 민망했거든. 잠시 웃음거리가 되다 말겠지만, 그것조차 싫었어. 파도가 심하게 치는 바다도 아니고, 그냥 잔잔한 인공 수로나 강에서 연습하는 건데 물에 빠지고, 물을 먹어서 눈물콧물 다 흘리면 얼마나 추하겠니? 최악의 상황만 머릿속을 맴돌았지만 다시 일어서기를 시도했어. 다시 해보니 생각보다 쉽게 되더라고. 뭔가를 처음 시작할 때는 으레 걱정이 앞서지만, 지레짐작으로 겁을 먹는 게 오히려 가장 안 좋은 거 아닐까?

나이를 먹을수록 새로운 일을 경험하는 순간은 줄어들어. 어렸을 때야 모든 일이 새로웠지. 보조바퀴 없이 자전거를 처음 탄 순간이나 처음 수영을 한 순간처럼. 혹은 부모님의 마중 없이 처음으로 혼자 하교한 순간도 있어! 할 수 있는 것들이 점점 늘어나는 때였지. 물론 지금도 새로운 경험을 찾아낼 수야 있겠지만 예전만큼 아름답지는 않을지도 몰라. 이 나이에 처음 경험하는 것이라 해봤자 하지정맥류 수술이나 옷 가게 탈의실에서 예전에 입던 사이즈의 청바지 지퍼가 잠기지 않는 순간 아니겠어? 언제든 사랑하는 사람과 베네치아에 가서 맛있는 아이스크림을 먹을 수 있는 지금도 물론 좋지. 시간적, 물질적 여유가 있으니까. 하지만 사랑하는 사람과 베네치아에 처음으로 도착하는 순간은 한 번뿐이잖아. 첫 경험은 아무래도 소중한 법이니까.

우리는 나이가 들수록 더 많은 것을 경험하고 동시에 게을러지는 거 같아. 그래서 어렸을 때라면 얼마든지 받아들였을 변화도 일단 거부하고 보지. 변화를 내 생활에 침입한 적으로 간주하는 거야. 그러다 보니 우리 삶은 이제 길고, 평온하고, 조용하고, 조금은 지루하면서 동시에 순식간에 지나가는 시간이 되고 말았어. 매주 목요일에 매번 보는 친구와 테니스를 치러 가고, 매년 마지막 날을 같은 친구들과 같은 재료가 들어간 치즈 퐁뒤를 먹는 삶도 나름 재미는 있겠지. 하지만 그렇게 살다가는 가끔 휴대전화 사진첩을 보면서 "이게 2012년 여름에 찍었던 사진인가? 아니면 2022년 여름에 찍었던 사진인가?"라고 자문하게 될 거야. 그러니 가끔은 평온하고 안정적인 영역에서 벗어나 새로운 경험을 할 필요가 있어.

익숙함 혹은 안전지대라고도 불리는 컴포트존Comfort zone은 아주 유연하고 포괄적인 개념이야. 알다시피 인간이란 저마다 다르잖아. 그래서 사람의 성격을 분류하는 주요한 다섯 가지 평가 항목 중 하나가 '새로운 경험에 개방적이다'라는 항목이래. 항상 같은 곳으로 휴가를 가고, 항상 비슷한 스타일의 옷을 입고, 애인도 오래 사귀는, 이른바 익숙한 것에 안정을 느끼는 사람들은 새로운 경험에 대한 개방성이 가장 낮아. 이런 사람들에게는 주말에 낯선 곳으로 여행을 가는 것은 물론이고 식당에서 새로운 메뉴를 주문하는 것조차 엄청난 모험이야.

반면 도전이나 모험을 즐기고 뭐든지 일단 한번 해보는 사람들은 새로운 스포츠를 배우거나 새로운 사람들을 만나는 데 거리낌이 없지. 충동적으로 모든 것을 내려놓고 멀리 떠나기도 해. 이런 사람들은 어딘가에 얽매이거나 변화가 없을 때 오히려 안절부절못해. 그리고 나로 말할 것 같으면, 대부분의 사람들과 마찬가지로 그 중간쯤에 속한단다. 새로운 것을 보고, 경험하고, 배우고, 시도하기를 좋아하긴 하지만 항구에 정박한 배처럼 어딘가에 닻을 내리고 안정을 추구하고 싶거든. 그 어딘가란 주변 사람들, 내가 사는 집, 습관, 좋아하는 음식, 나를 충족시키는 모든 활동이야. 계속해서 새로운 것만 추구할 필요는 없잖아? 난 마돈나가 아니니까.

20대 중후반에는 뭔가에 쫓기듯이 다급하게 변화를 추구했던 것 같아. 당시 나는 저널리스트로 일하면서 신발이 닳도록 여러 곳을 돌아다녔고, 어떨 때는 아침에 호텔에서 눈을 뜨고서 내가 지금 어느 도시에 있는지 헷갈려 애를 먹기도 했어. 거의 3개월에 한 번 꼴로 새로운 사람과 사랑에 빠졌고 말이야. 아주 자극적이고 긴장감이 넘치는 시기였지만 그런 삶을 다시 원하지는 않아. 물론 지금 같은 잔잔한 일상에 약간의 변화가 있다면 참 좋을 것 같지만 말이지.

일상을 새롭게 만드는 주문,
"지금부터 시작!"

사실 난 몸을 격하게 움직이는 건 그리 좋아하지 않아. 그래서 앞으로 평생 하프마라톤이나 산악자전거 타기 같은 스포츠에 도전하지는 않을 거야. 대신 워낙 사람 사귀는 걸 좋아하고 새로운 것을 배우기를 좋아하기 때문에 혼자 훌쩍 여행을 떠나 현지 사람들과 친해진다거나, 새로운 언어를 배우고, 처음 보는 음식을 먹는 등 여러 가지 일들에 자주 도전하곤 해. 골반바지 대신 하이웨이스트를 입어보거나, 클럽하우스에 가거나, 스포츠 마사지 대신 아로마 마사지를 받기도 하지.

그래서 이번 달 미션도 나와 잘 맞는다는 생각이 들었어. 난 지금 스탠드업 패들링을 하려고 슈프레발트에 왔어. 미션 수행에 잘 어울리는 낯선 장소지. 새로운 길을 산책하고 자전거를 빌려 새로운 장소에도 가보고, 새로운 스포츠를 배울 수도 있거든. 이곳에선 "지금부터 시작!"이라고 외치며 행동에 나서면 왠지 새로운 것을 접하기가 더 쉽게 느껴지는 것 같아.

새로운 도전은 일종의 각성제이기도 해. 버드나무, 오리나무, 자작나무가 가득한 숲을 가로지르는 강물을 따라 스탠드업 패들링을 하는 동시에, 손에 쥔 지도를 읽고 올바른 위치에서 방향을 틀 수 있을까? 물살을 가르는 묵직한 나무 패들보드의 방향을 제대로 바꿀 수 있을까? 하루 동안 패들보드를 경험하니, 그게 인생을 상징하는 것 같더라. 흐름에 몸을 맡기고 저항하지 말되, 노를 손에 꼭 쥐고 나아가는 방향만큼은 정확하게 조준할 것. 그리고 자신만의 속도에 맞출 것! 누가 나를 쫓아오지도, 앞길을 가로막지도 않으니까. 일상생활에도 적용할 수 있는 태도 아니니?

일단 나만의 리듬을 찾고 나니까 두 번째 도전은 어렵지 않더라고. 춤을 추듯이 양손으로 기다란 노를 이리저리 저어가면서 가볍게 움직일 수 있었어. 학교 다닐 때 체육 시간에는 항상 뒤에서부터 등수를 세는 게 빨랐을 정도로 운동신경이 없던 내가 패들보드를 타는 데 성공하다니 자랑스럽기까지 했어. 그리고 새삼 나에게 잘 맞는 운동을 찾아냈다 싶었지. 난 구기 종목이나 달리기에는 젬병이고 근력도 약하지만 유연성이나 균형 잡기는 그나마 잘하거든. 내가 잘할 수 있는 스포츠를 하다 보니 마음까지 젊어지는 기분이 들더라. 온몸이 가벼워지고 모험심이 샘솟았지.

숲을 떠나 다시 집으로 돌아왔어. 새로운 경험을 잔뜩 하고 오니 즐거운 기분과 편안한 감정이 한동안 은은하게 남아 있더라고. 새로운 것을 경험하려면 살던 곳을 떠나야 한다고 누가 말했더라? 관점을 바꾸는 것만으로 충분할 때도 있지만 말이야. '첫 패들보드 타기'를 두 번 할 수는 없어. 처음은 그 순간 한 번뿐이니까. 하지만 패들보드를 타며 보았던 풍경이나 도시는 두 번째로 갔을 때도 새롭게 느껴질 수 있어. 내가 처음으로 몸을 맡겼던 강물에 다시 들어가면 물속이 순식간에 나의 안식처가 될 수도 있고.

아이들에게 이번 달 미션 이야기를 하면서 새로운 발견이 얼마나 재미있었는지 떠들었더니, 애들도 구미가 당긴 모양이더라. 그래서 아들과 함께 낯선 곳으로 소풍을 가기로 했어. 우린 전철과 버스를 갈아타고 함부르크 근교의 모어베르더라는 곳에 갔어. 두 갈래로 나뉜 엘베 강 사이에 낀 목가적인 마을이야. 우린 녹색 등대가 보이는 곳에 자리를 잡고 앉았어. 함부르크에서 20년을 살았는데도 전혀 몰랐던 장소야. 애들이 초등학교 때 소풍을 왔을 법도 한데 말이야.

아이들의 첫 미소부터 기말고사까지 모든 것을 함께하는 동안 내 삶도 천천히 흘러갔지. 부모 노릇을 하며 겪는 행복 중 하나가 이런 것 아닐까. 어느 순간 아이들에게도 각자의 삶이라는 것이 생기면서 나의 세계와 점차 멀어지겠지만 말이야. 그럼에도 불구하고 아이들이 보여준 미지의 세계 덕분에 새로운 시각을 얻을 수 있어. 이제 아이들이 나의 세계를 넓혀주는 일은 드물겠지만, 그래도 나는 내면의 친구와 함께 손잡고 여기저기 놀러 다니며 스스로를 발전시킬 거야.

여전히 아이들 점심 샌드위치를 싸고, 장을 보고, 일하고, 저녁에는 발코니에서 시간을 보내거나 조깅을 하는 여상한 나날을 보내고 있지만, 이번 달 미션을 마치고 나니 내 일상에 약간의 변화가 생긴 것 같아. 갑자기 행운이 찾아온 것처럼 말이야. 큰 걱정거리 없이 안정적인 매일을 보내면서 계속해서 새로운 것들을 시도하고 있거든. 예를 들어 슈퍼마켓에 갈 때 평소와 다른 길로 간다든지, 평소였다면 무심하게 지나쳤을 카페에 들어가본다든지, 오랫동안 연락하지 않은 친구에게 전화를 해본다든지. 네 말이 맞았어. 살아 있는 걸 더 생생하게 느끼려면 때로는 아주 작은 변화가 필요해.

다시 슈프레발트로 돌아가서 이야기하자면, 빌려 쓴 패들보드를 반납하러 갔더니 주인장이 패들보드를 사용하는 새로운 방법을 보여줬어. 내가 건넨 패들보드를 바닥에 놓고 그 위에 무릎으로 올라가더니 요가의 물구나무서기 자세를 취하더라고. 패들보드를 이렇게도 사용할 수 있구나 싶었어. 내가 그 위에서 물구나무서기 자세를 하려면 꽤나 연습해야겠지만.

이번 달 미션도 고마웠어.

베레나가

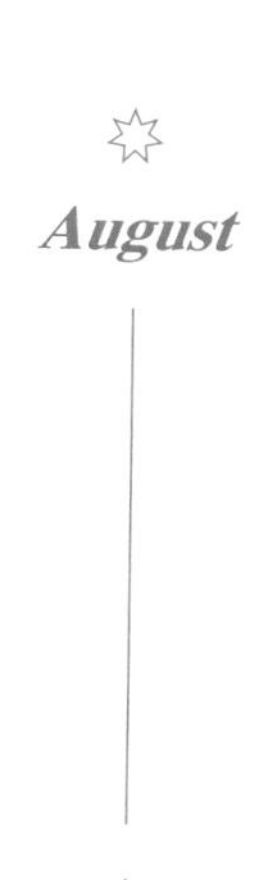

베레나에게

햇병아리 저널리스트였을 때 영화감독 도리스 되리Doris Dörrie를 인터뷰한 적이 있다고 말했던가? 난 도리스 되리의 광팬이었기 때문에 단단히 준비했는데, 오히려 되리가 다양한 질문을 던져서 인터뷰가 엉뚱한 방향으로 흘러갔던 기억이 나. 되리는 나에게 자신의 업적과 관련이 없는 질문을 하나만이라도 해달라며 다그쳤어. 신입이긴 해도 기자로서 자존심에 조금 금이 갔지만, 얼른 정신을 차리고 쉬는 날에는 딸과 뭘 하느냐고 대뜸 물었단다. 그랬더니 되리가 갑자기 신이 나서 답하지 뭐니. 쉬는 날에는 딸과 함께 뮌헨의 여러 전철 노선을 타고 종착역까지 간 다음 전혀 모르는 동네를 산책한다고 말이야. 낯선 동네에 가보는 것이 두 사람 모두에게 즐거운 경험이었다고 해. 일종의 짧은 여행인 셈이지. 그 이야기가 상당히 인상 깊어서 나도 꼭 해봐야겠다고 생각했어. 약 20년이 지난 지금 그때의 인터뷰를 돌이켜보니 나에게 처음으로 '마이크로 어드벤처Micro Adventure'라는 개념을 알려준 사람이 도리스 되리였다는 생각이 들어.

마이크로 어드벤처란 퇴근 후나 주말에 잠깐 짬을 내어 집 근처에서 즐기는 작은 모험이야. 긴 시간을 들이거나 호텔을 예약하거나 커다란 짐을 싸지 않고도 누구나 일상 속에서 짧고 가볍게 누릴 수 있는 모험이지.

마이크로 어드벤처라는 아이디어를 처음 떠올린 건 아웃도어 활동을 즐기는 사람들이었어. 캠핑을 좋아하지만 본격적으로 떠날 시간이 없을 때, 퇴근 후에 집 마당이나 근처 숲에 텐트를 펼치고 캠핑 분위기를 내다가 다음 날 아침에 다시 출근하는 거야. 요즘은 꼭 아웃도어 활동을 즐기는 사람들이 아니더라도 많은 이들이 일상 속에서 작은 모험을 떠나고 있어. 퇴근 후에 가본 적 없는 카페에서 처음 보는 책을 읽는 것도 좋은 마이크로 어드벤처겠지. 노르딕 워킹이나 줌바댄스, 탁구 같은 스포츠를 배우면서 새로운 경험을 하는 것도 좋고. 이 책을 읽으면서 벌써 작은 모험을 계획하는 사람도 적지 않을 거야.

마이크로 어드벤처는 시간을 알차게 보낼 수 있고 정신 건강에도 좋은 방법이야. 근거는 여러 가지를 들 수 있지. 우선 물질적인 것보다는 경험이 우리를 장기적으로 더 행복하게 만든다는 연구가 있어. 코넬 대학교의 심리학자 토마스 길로비치Thomas Gilovich는 수년 전부터 소비 습관이 정신 건강과 정체성에 미치는 영향을 연구하고 있어. 그의 연구에 따르면, 콘서트나 짧은 여행, 스포츠나 언어 배우기 등의 경험을 한 사람은 몇 년 후에도 그때의 경험이 자신의 삶과 정체성에 녹아들었다고 이야기한대. 반대로 가구나 옷, 자동차 등을 구입하는 데 열중한 사람들이 느끼는 만족감은 그리 오래 지속되지 않았고, 물질이 감정이나 정체성에 미치는 효과도 미미했어. 물건보다는 경험을 사는 게 우리를 더 행복하게 만든다는 뜻이지.

물론 사람마다 행복을 느끼는 단계가 다르겠지만 대체적으로 우리는 물질보다 경험 덕분에 더 행복해져. 그리고 개인적인 경험과 감정을 풍성하게 만들려면 새로운 모험을 해야 해.

중요한 건 새로움이 그 자체로 생생한 자극이 되도록 하는 거야. 우리가 아직 경험하지 못한 모든 것들은 우리 뇌를 활성화시키고 건강하게 만들어. 베를린에 있는 막스 플랑크 인간발달 연구소에서는 오른손잡이인 실험 참가자들에게 왼손으로 글씨를 쓰도록 하는 실험을 진행했어. 익숙하지 않은 왼손으로 글씨를 쓰자 실험 참가자들의 뇌에서 회색질이 증가했대. 회색질은 신경세포가 모여 있는 곳이란다. 왼손으로 글씨를 쓰는 연습을 마치자 회색질이

약간 줄어들긴 했지만(시냅스 간의 가지치기*가 일어난 거야) 평소 쓰지 않던 손을 사용함으로써 뇌 속에서 새로운 시냅스 연결이 생겨났다는 사실만큼은 분명했지.

새로운 시냅스가 연결되면 뇌가 건강해지고 사고력이 향상돼. 네가 슈프레발트에서 처음으로 스탠드업 패들링에 도전한 건 재미있는 경험이었을 뿐만 아니라 뇌에 새로운 시냅스 연결을 만들어낸 활동이었던 셈이야. 새로운 것을 배우는 건 회색질 증가에 아주 좋아. 새로운 언어, 새로운 스포츠에 도전하거나 새로운 여행지로 떠나거나 새로운 사람들과 사귀고 새로운 취미를 가지면 정신이 또렷해지지. 또 호기심과 즐거움이 더해지니 마음을 치유하는 데도 좋아.

영국 하트퍼드셔 대학교에서는 실험 참가자들을 대상으로 '새로움 훈련'을 진행했어. 아주 간단한 훈련이야. 예를 들어 평소에 다니지 않던 길로 귀가한다든가, 음식점에서 먹어본 적 없는 메뉴를 주문하고, 새로운 스포츠나 외국어를 배우는 실험이었어. 이 훈련 과정을 거치자 실험 참가자들은 삶이 더욱 생기 있어졌고 용기가 샘솟았으며 호기심이 왕성해졌다고 보고했대. 난 이 연구 결과

---

* 시냅스는 새로운 경험을 할 때마다 새롭게 연결되는 것이 아니라 원래부터 무작위로 연결돼 있다. 원활한 활동을 위해서는 연결을 강화하는 것뿐만 아니라 불필요한 연결을 잘라내는 과정 또한 중요한데, 이를 시냅스 간의 가지치기라고 한다. _역주

가 참 마음에 들어. 늘 똑같은 일상에 젖어 살지 말고 주기적으로 새로운 것을 시도하는 게 정말 큰 자극이라고 생각하거든.

처음 새로운 것을 시도하기는 어려울 수 있지만, 자꾸 도전하다 보면 어느샌가 도전 정신이 불타오르는 걸 느낄 수 있을 거야. 네가 스탠드업 패들링을 배우고, 아이들과 낯선 곳으로 소풍을 떠나 많은 감정을 느꼈듯이 말이야. 어렵지 않은 작은 모험으로 큰 경험을 얻는 거지. 새로운 경험이 어떤 종류든, 사람들은 도전하면서 용기를 얻고, 호기심을 키우고, 스스로를 더 강하게 느끼며, 새로운 영감과 아이디어를 얻고, 궁극적으로는 자기 자신을 더 잘 이해하게 돼.

이번 달에는 너의 여행 일지를 읽을 수 있어 좋았어. 난 늘 그렇듯 올해도 네덜란드 북부 해안으로 휴가를 왔어. 내 일상에는 왜 변화가 없냐고 나무라지 말아주길.

안네가

일상 속 '마이크로 어드벤처'

우리는 모두 코로나19 팬데믹 기간 동안 여러 차례 록다운과 활동 제한을 겪었습니다. 장거리 이동이 제한된 기간 동안 주변으로 마이크로 어드벤처를 떠나야겠다고 생각한 사람이 많을 테죠. 원래 계획대로라면 해외로 떠났을 휴가를 국내에서 즐기거나, 밖에 나가 노는 대신 집 안에서 할 수 있는 놀이를 찾거나, 사람들이 많이 모이는 파티에 가기보다 한 친구와만 따로 만나거나, 가깝지만 여태까지 가보지 않았던 곳을 산책하는 식으로요.

작은 모험에서 재미를 느꼈다면 더 큰 모험에도 도전하고 싶어질 겁니다. 만약 여러분이 평소에 먼 곳으로 여행을 자주 가거나 여러 사람들과 교류하거나 활동적인 스포츠를 즐기고, 새로운 모험을 마다하지 않는 사람이라면 앞에서 언급한 작은 모험에는 만족하지 못할지도 모르겠네요.

모험심이 충만한 사람이라면, 애써 모험심을 자제하지 않는 게 자신을 돌보는 방법입니다. 여태까지처럼 다양한 모험에 도전하세요.

평소에 격한 모험을 즐겼다면, 어쩌면 팬데믹 기간 동안에는 작은 모험 또한 기분 좋은 일이라는 것을 깨달았을지도 모릅니다. 참지 말고 계속 도전하세요.

기꺼이 초보자가 되어 무엇에든 도전해보기

이제껏 해본 적 없는 일에 도전하기란 쉬운 일만은 아닙니다. 어떨 때는 새로운 일이 무엇인지 찾는 것부터 난관일 수도 있죠. 또 과연 그것이 성미에 맞을지 몰라 성급하게 도전하기가 두려울지도 모르고요. 하지만 일단 도전해야 새로움이라는 자극을 만날 수 있어요. 평소 흥미를 갖고 있었거나, 재미있을 것 같다고 생각했지만 실제로 해보지 못했던 활동을 찾아 도전해보세요. 그런 활동을 찾기 위해 스스로에게 다음과 같은 질문을 던져도 좋습니다.

"시간, 돈, 기회만 있다면 하고 싶은 일이 뭐가 있을까?"

"창피당할까 두려운 마음만 극복한다면 뭐가 하고 싶을까?

스키나 스페인어, 노래, 격투기 등 생각나는 활동에 일단 도전해보세요. 기꺼이 초보자가 되는 겁니다. 하고 싶은 게 떠오르지 않더라도 걱정하지 마세요. 요즘은 인터넷 창에 '취미'라는 단어만 검색해도 여러 가지 재미있는 활동을 발견할 수 있답니다. 원데이 레슨이나 혼자 학습이 가능한 스마트폰 앱을 찾아 가볍게 실천하며 자신에게 잘 맞는지 알아봐도 좋아요.

단, 처음 도전할 때부터 시간과 돈이 너무 많이 드는 활동을 고르는 건 금물입니다. 시작하자마자 지칠지도 모르니 손쉽게 시작할 수 있는 활동을 찾으세요.

나에게 던지는 질문

- ☑ 앞으로 세 번 환생해 새로운 삶을 살 수 있다면 하고 싶은 일은 무엇인가요? 그 일을 지금 당장 하면 어떨까요?
- ☑ 지난해 했던 활동과 여태까지 도전하지 못한 활동은 무엇인가요? 그에 대한 개인적인 생각은 어떤가요?
- ☑ 여러분이 사는 곳 반경 5~100킬로미터에 이르는 장소 중 아직 가지 못했지만 한 번쯤 가보고 싶은 곳은 어디인가요? 언제 가 볼 계획인가요?

취향에 맞는 도전거리 찾기

아웃도어 팬이라면

앞서 언급했듯 마이크로 어드벤처는 아웃도어 활동을 즐기는 사람들이 떠올린 아이디어랍니다. 그래서 이 개념이 처음 생기기 시작했을 때 출간된 책을 보면, 대개 트레킹이나 캠핑 같은 활동이 자주 언급되죠. 자연을 사랑하고 아웃도어 활동을 즐긴다면 그런 활동이 잘 맞는다는 뜻이니 앞으로도 계속해서 해나가는 것도 좋습니다. 요즘에는 인터넷 커뮤니티와 SNS에서 활발하게 활동하는 사람들이 많습니다. 해시태그 등을 활용해 마이크로 어드벤처 활동을 하는 다른 사람들을 찾아보고 노하우를 엿보는 것도 좋은 방법입니다.

예술을 사랑한다면

지난달의 미션을 기억하시나요? 박물관이나 미술관에 가서 마음에 드는 작품을 천천히 들여다보는 것이었습니다. 이런 활동도 마이크로 어드벤처가 될 수 있어요. 예술을 사랑한다면 잠깐 짬을 내서 작품을 보러 가세요.

공부를 좋아한다면

예를 들어 언어 공부를 좋아한다면 듀오링고Duolingo와 같은 언어 학습 프로그램을 이용해도 좋아요. 배우고 싶은 언어가 있지만 본격적으로 시작하기 어렵다면 일단 여러 학습 프로그램이나 스마트폰 앱의 도움을 받아 '맛보기'를 하면 됩니다. 피아노나 드럼을 가르쳐주는 앱이나 그림 그리기를 쉽게 따라 하도록 도와주는 앱도 있으니 관심이 있다면 한번 도전해보세요.

#Monthly Challenge

September

9월

영혼을 치료하는 시네마 테라피

깊게 바라보기

▷▷▷▷▷

용기, 낙관주의, 친절함, 감사하는 마음, 정직함……. 긍정 심리학에서 중요하게 여기는 성격 요소야. 이런 특성을 강화하면 삶을 더 풍요롭고 만족스럽게 살 수 있고, 위기가 닥쳐도 금방 극복할 수 있어.

자신만의 성격 요소를 구축하는 건 삶을 단단하게 만드는 데 도움이 돼. 『영화 속의 긍정 심리』라는 책을 저술한 두 심리학자 라이언 M. 니미에Ryan M. Niemiec와 대니 웨딩Danny Wedding은 영화 감상이 앞서 언급한 성격 요소를 강화할 수 있을지를 연구했어. 연구 결과, 고전 영화, 예술 영화, 블록버스터 등의 영화를 본 사람들은 특정한 감정과 잠재력이 강화되었대. 영화를 활용한 미디어 치료인 셈이지.

긍정심리학의 관점에서 보면 모든 영화에는 저마다 다른 주제가 있고, 관객인 우리는 그것을 받아들인 다음 스스로의 삶에 접목시킬 수 있어. 이번 달에는 영화 한 편을 골라 감상해보도록 해. 애니메이션 영화인 <유령 신부>는 어떨까? 아마 네 취향에 맞을 거야. 영화 협회가 선정한 명화 목록을 살펴보고 마음에 드는 영화를 찾아도 좋아. 영화를 보고 어떤 감정이 느껴지는지 살펴봐. 그 감정이 지금 네게 가장 필요한 감정이니까.

영화를 보는 동안 스스로를 관찰하고 네가 관객으로서 무엇을 체험하고 있는지도 돌아보기 바랄게. 몇 시간 혹은 며칠 후에 다시 그 영화를 떠올려도 좋아. 그럼 영화 재밌게 보길!

September

안녜에게

얼마 전에 만나서 같이 산책했을 때, 네가 나에게 "약이 잘 드네." 라고 했지. 우리가 진행 중인 소소한 미션의 효과를 언급하면서 말이야. 여러 시도가 영혼을 치료하는 약물이 될 수 있다고 네가 그랬잖아. 덕분에 나는 몇 개월 전부터 내 영혼을 살찌우고 있어. 내가 변한 것 같다는 말에는 나 또한 깊이 동의하는 바야. 우리가 진행한 여러 미션도 물론 도움이 되었지만, 그 이전에 스스로 나 자신을 탐구하겠다고 결심한 것만으로도 나는 예전보다 훨씬 더 평온하고 안정적으로 스스로와 타인을 대할 수 있게 됐어.

알다시피 난 주로 상징, 예술, 꿈 등에 관해 말하는 걸 좋아해. 〈라이프 오브 파이〉는 예전부터 꼭 보고 싶었던 작품이야.

이 영화는 파이라는 소년이 구명보트를 타고 몇 주 동안 남중국

해를 떠돌아다니는 내용이야. 인도에서 캐나다로 가던 중 배가 침몰하면서 가족들과는 생이별을 하고 말았지. 겨우 살아남은 소년의 조각배에는 동행이 있었는데 바로 아버지의 동물원에서 데려온 동물들이었어. 그중에 호랑이가 한 마리 있거든? 결국 마지막에는 포식자인 호랑이와 주인공인 소년만 남게 돼. 이것이 핵심적인 줄거리야.

이 영화를 보면 위기 상황에서도 스스로를 다독이는 능력을 발휘하는 게 얼마나 중요한지 알 수 있어. 그것이야말로 자기돌봄의 절정이라고 생각해. 영화처럼 식수가 얼마 남지 않은 배 위에서 굶주린 포식자와 뜨거운 태양, 그리고 파도와 싸우는 상황이라면 아마 선택지가 제한되겠지. 그렇지만 현실에서 그런 상황에 처하는 사람은 없을 거야. 그렇다면 일상에서 우리는 위기에 처한 자신을 어떻게 다독일 수 있을까? 어쩌면 노트나 화이트보드에 자신이 겪은 사건과 그때의 생각 및 감정을 적어 정리해보는 것도 방법일 거야. 혹은 소설이나 영화처럼 타인의 이야기에 푹 빠지는 것도 훌륭한 전략이겠지. 직장을 잃거나 병원에서 우려스러운 진단을 받았을 때, 밑도 끝도 없이 우울할 때 이런 방법이 도움이 될 거라고 봐.

짧은 단어 몇 개로 영화 줄거리를 간추리기는 힘들어. 〈라이프 오브 파이〉를 보고 '바다 위의 동물원'이라고만 설명하는 건 너무 부족한 것처럼. 이 영화는 문화적인 배경 때문에 드문드문 억눌렸던 인간의 동물적 본능과 판타지의 힘, 정신적 힘, 보이지 않으며 손으로 잡을 수도 없는 심연의 힘을 나타낸 우화야. 영화에서는 수영장, 바다, 연못 같은 수면을 자주 비춰주고, 그 안팎에서 벌어지는 사건을 보여주기도 해. 주인공의 내면에는 얼마나 많은 '호랑이'가 있을까?* 난 명확하지 않고 선과 악이 양분되지 않으며 곳곳이 비어 있는 이야기를 좋아해. 그래야 내 상상력으로 채워 넣을 수 있으니까. 하지만 그런다고 해서 내가 더 공감 능력이 뛰어난 사람이 될까?

온전히 몰입하지 못하는 '직업병'을 넘어서

양손에 팝콘과 콜라를 나눠 들고 영화관 의자에 푹 파묻혀 영화를 보거나 조용한 곳에서 책을 읽을 때, 주변을 잊고 작품에 몰입하는 사람이 많아. 아무 생각 없이 등장인물들과 함께 두려워하고, 같이 웃고, 마지막에는 안도의 한숨을 쉬기도 하지. 이미 고대 그리스 시대에 극장을 찾던 관객들이 카타르시스라는 말을 만들어냈으니 말 다했다고 봐. 프란츠 카프카Franz Kafka조차도 '극장에 갔다. 울었

* 〈라이프 오브 파이〉의 호랑이가 파이 본인을 상징한다는 해석이 있다. _역주

다'라는 일기를 쓴 적이 있대. 이것이 바로 긍정심리학의 핵심이야.

솔직히 고백하자면 나는 미디어에 온전히 몰입하는 일이 드물어. 아무래도 직업병 때문인 것 같아. 구조 역학 전문가가 금문교를 보면 단순히 "와, 크다!"라고 감탄하는 게 아니라 머릿속에 설계도를 그려보고, 어떤 물리적 힘이 작용하는지, 최대 하중은 얼마일지 계산하는 것과 마찬가지야. 요리사가 식사하러 가면 우리 같은 일반인처럼 그저 "와, 진짜 맛있다! 행복해!"라고 말하지는 않을 거 아니니.

난 작가여서 그런지 영화나 소설, 연극을 보면 무엇을 계기로, 어떤 동기에서 탄생한 이야기인지, 등장인물들이 그렇게 행동하는 이유는 무엇인지 생각하고 연출에 주목하거든. 나름대로 즐거운 관람 방식이기는 하지만 작품에 흠뻑 빠져 공감하기는 어려워. 그래서인지 여태까지 영화관에서 운 적도 없어. 이번 달 미션 수행이 어렵게 느껴지는 건 아마 이런 개인적인 문제 때문일 거야. 직업병이란 게 고칠 수 있는 병이 아니니까 말이야.

그래서 나한테 맞는 영화를 찾으려고 새로운 시도에 나서기로 했어. 장르와 색감이 완전히 다른 영화를 보는 거야. 분위기는 조금 음울하지만 내용은 재미있는 팀 버튼Tim Burton 감독의 〈유령 신부〉가 좋을 것 같아. 이번에는 내 정신적인 삶보다는 실제 경험에 집중해 영화에 공감해보기로 했어. 네가 내 취향일 거라고 추천한 작품이니 어떤 감정이 피어오를지도 궁금했어. 나는 어떤 캐릭터에 공감하게 될까? 이 작품을 통해 나의 소망, 그리움, 욕구가 어떻게 드러날까?

우선 전개 속도가 참 빠르더라. 내용 자체는 상당히 진부해. 남자 하나에 여자 둘, 사랑, 그리고 질투가 주제였으니까. 주인공 빅터는 빅토리아와 약혼했어. 부모님이 정한 정략결혼이었지만 빅터와 빅토리아는 서로에 대한 감정이 나쁘지 않았지. 그런데 결혼식 예행연습을 하러 간 빅터가 자신도 모르게 죽은 에밀리와 약혼을 하고 말아. 유령 신부인 에밀리는 빅터의 청혼을 받아들이고 저승으로 끌고 가버려. 빅터가 괜찮은 남자처럼 보였기 때문이야. 에밀리는 불행한 여자였어. 생전에 만나던 남자와 야반도주를 했는데 결국 그에게 살해당하고 말았거든. 에밀리는 모든 걸 바로잡고 싶었어. 한편 빅터는 흑백으로 보일 정도로 어둡고 칙칙한 이승의 삶보다 저승의 다채롭고 즐거운 삶에 조금씩 빠져들었지. 음악도 있고, 춤도 있고, 술도 있었거든. 잠깐! 여기부터는 스포일러가 있으니 조심해. 마지막에는 결국 빅터와 빅토리아의 사랑이 결실을 맺게 돼. 그리고 에밀리와 다른 여자들을 불행하게 만든 악당은 저승으로 떨어지지.

이 영화에서 가장 아름다웠던 순간은 에밀리(여담이지만 에밀리라는 이름의 어원은 라틴어로 '경쟁자'라는 뜻이야)가 자신의 의지로 빅터를 포기하는 장면이었어. 빅터가 빅토리아에게 가도록 놓아주고, 자신의 행복을 포기한 순간 에밀리는 나비가 되어 사라져. 결국 사랑의 힘과 대범한 선택을 통해 모든 것을 훌훌 벗어던지고 하늘로 올라간 거지. 다소 감상적이지만 나에게는 큰 울림을 주는 장면이었어.

예나 지금이나 나는 행복을 손에 쥐려고 안간힘을 쓰곤 해. 이미 마음이 떠난 남자를 붙잡으려고 애쓴 적도 있고, 아이들이 어떻게 자라면 좋을지 내 마음대로 꿈꾸거나, 성공하기 위해 노력하기도 했어. 그런데 〈유령 신부〉는 나에게 부질없는 것들을 놓아주고 자유로워지라는 메시지를 줬어. 어떤 상황에든 적용할 수 있고 자기 돌봄과도 관련이 있는 가르침이지.

나를 괴롭힌 것이 무엇인지 알려면 일단 그것을 손에서 놓고 멀찍이 떨어져 바라봐야 해. 예를 들어 직업적으로 승승장구하거나 물질적으로 풍족한 삶을 사는 사람들을 질투하는 감정 말이야. 그런 감정을 옆으로 밀어내기만 하는 건 아무 의미가 없어. 일단 인정해야 해.

"그래, 맞아. 난 세상이 불공평하다고 생각해. 아무도 날 봐주지 않고 아무도 날 인정하지 않아."

아이러니하지만 그렇게 인정한 뒤에야 비로소 자유로워질 수 있거든.

나중에 찾아보니 심리학자들이 이 영화의 특성으로 꼽은 것이 '정직함'이더라고. 빅터가 자신의 감정을 숨기지 않고 솔직하게 말한 장면이 떠올랐어. 가장 마음에 들었던 장면은 아니었지만. 같은 작품을 봐도 사람에 따라 좋아하는 부분이 다르지. 그것이 바로 예술의 놀라운 점이야. 사람마다 각기 다른 부분을 건드리거든. 살아온 배경이 각자 다르기 때문에 감명받는 부분도 다 달라. 그리고 예술과의 감정적인 교류는 우리가 통제할 수 있는 게 아냐. 영화를 만든 사람들, 책을 쓴 사람들, 그림을 그리고 음악을 작곡한 사람들이 특정한 인상을 남기려 노력하거나 감정을 불러일으키는 등, 관객들의 반응을 기대하며 창조해낸 것이 바로 예술 작품이니까. 창작자의 의도를 관객이 온전히 이해한다는 건 마법 같은 일인 셈이야.

내면의 상처를 인정하고 받아들인다는 것

이번 달 미션의 마지막 영화는 고전 〈카사블랑카〉로 정했어. 다들 알다시피 주인공 릭 브레인은 세상을 원망하는 불행한 캐릭터지만 과거에서 벗어나는 법을 배우고서 새로운 인생의 목표와 용기를 찾았어. 그런데 잠깐만. 내가 최근에 이 영화를 다시 봤던가? 자신을 잃어버렸던 사람이 스스로를 되찾는 이야기를 어디서 본 것 같은데? 맞아! 바로 〈유령 신부〉였어.

릭은 자신을 찾아온 옛 연인인 일사와 그녀의 남편이자 반나치 단체 리더인 빅토르 라즐로가 떠날 수 있도록 통행증을 구하려고 노력해. 일사와 다시 만났다는 개인적인 기쁨이나 자신의 정치적인 상황은 모두 뒤로하고 두 사람을 도우려 한 거야.

〈유령 신부〉에서도 에밀리가 사랑을 포기하고 모든 것을 훌훌 털어버린 것처럼 릭 또한 모든 걸 내려놓으며 타인, 그리고 자기 자신과 다시금 가까워졌어. 그는 내면의 연약하고 결핍된 부분을 마주해야 했으니까. 나는 주로 이런 장면에 공감해. 대체 왜일까?

어쩌면 이 장면이 던지는 주제가 지금 내 삶에 중요하기 때문은 아닐까? 인생을 마무리하며 지난 일들을 회상하기엔 난 아직 젊지만, 인간이란 원하는 걸 모두 하며 살 수는 없는 존재라는 사실에 실망하기엔 오래 살았어. 이쯤 되면 인정하고 받아들여야 할 테지. 물론 내 삶에 만족해. 큰 굴곡이나 질병도 없고, 가족도 얻었고, 내가 좋아하는 일을 할 능력도 있으니까. 하지만 가끔 불만이 불쑥불쑥 치고 올라올 때가 있어. 남들이 항상 나보다 더 많이 가지고 있다는 생각이 들거든. 남들은 경제적으로도 여유로워 보이고, 자녀나 배우자와도 더 잘 지내는 것 같고, 더 자주 여행을 가는 것 같고, 또……. 여기까지만 할까?

아무튼 '받아들임'이야말로 자기돌봄의 핵심이라고 생각했어. "넌 뭐든 할 수 있어! 넌 누구든 될 수 있어!"라는 막연하고 불가능한 생각을 하다가 그것이 이루어지지 않았을 때 좌절하기보단 "네 삶에는 부족한 부분, 어두운 부분이 있지만 거기에 만족하고 살아가는 법을 배울 수 있어."라고 다짐하는 거지. 영화를 보며 등장인물들에게 공감하는 것도 이와 비슷한 일일 거야.

이제 가을이네. 모아둔 DVD나 스트리밍 사이트를 뒤지면서 감상할 영화를 찾기에 아주 좋은 계절이야. 새로운 발견이 나를 이끌어주길!

베레나가

September

베레나에게

영화는 영혼을 치료하는 약이야. DVD로 가득 찬 책장이나 스트리밍 사이트가 약국의 진열대라고 생각해봐. 참 멋지지 않니? 네 편지를 읽으니 너도 나와 같은 마음이겠다 싶어. 영화나 소설 속 허구의 이야기는 관객이나 독자에게 큰 영향을 미칠 수 있어. 사람들은 작품을 보면서 주인공의 비극이나 성공에 공감하고, 함께 슬퍼하고 울고 기뻐해. 카타르시스란 무의식 속에 파묻힌 비극이나 슬픔을 표출함으로써 마음을 정화한다는 뜻인데, 우리는 이야기 속 주인공의 감정을 경험하며 스스로를 치유할 수 있지. 지금도 수많은 학자들이 연구하고 있는 주제야.

캘리포니아 주립 대학교의 간호연구자인 보니 레인그루버Bonnie Raingruber는 영화를 본 실험 참가자가 그렇지 않은 사람에 비해 공감 능력이 향상됐고 도덕적 딜레마 상황에서 자아 성찰을 더 잘 한다고 말했어. 또 다른 연구에 따르면 수업시간에『해리 포터』시리즈를 읽은 학생들은 그렇지 않은 학생들에 비해 감정 이입 능력과 참을성이 높아졌대.

내가 언급한 건 수많은 연구 결과 중 단 두 가지일 뿐이야. 하지만 이것만 보더라도 영화나 소설이 정말 감정을 움직이고 공감 능력을 높일뿐 아니라 개인적인 문제나 사회적 현상까지 아울러 생각하도록 만든다는 걸 알 수 있어. 심리학자나 심리치료 전문가들은 이런 연구 결과를 바탕으로 우울증, 불안증 등을 앓는 사람들에게 '시네마 테라피'를 추천하기에 이르렀지.

1990년대까지만 해도 시네마 테라피는 환자가 겪는 어려움이나 문제에 초점을 맞춘 치료였어. 즉 환자가 처한 상황과 비슷한 상황이 연출되는 영화를 추천해 문제를 극복하는 데 도움을 주는 방식이었지. 앞서 언급한 두 심리학자, 라이언 M. 니미에와 대니 웨딩은 긍정심리학을 연구한 사람들로, 현대적인 시네마 테라피의 근간을 마련하고 이에 대한 전문 서적을 저술하기도 했어. 영화가 긍정심리학에서 강조하는 성격 특성을 강화하는 데 어떤 도움이 되는지를 연구한 책이란다. 긍정심리학을 구성하는 근간은 용기와 진실성에서부터 친절성, 용서, 겸손, 신중함, 감사 등에 이르는 24가지 성격 특성이야. 심리학자 마틴 셀리그만Martin Seligman은 모든 사람들이 어느 정도 지니고 있는 몇몇 성격 특성을 끊임없이 강화하면 더 안정적이고 만족스러우며 자기돌봄에 집중하는 삶을 살 수 있다고 강조했어.

물론 영화가 모든 문제를 치유하는 만병통치약은 아니지. 영화는 기적이 아니니까. 그럼에도 우리는 영화를 통해 문제를 새로운 시각에서 바라볼 힘과 긍정적인 감정을 얻을 수 있어.

나도 영화를 보고 내면의 특정한 부분이 단단해졌다는 느낌을 받은 적이 있어. 개인적으로 좋아하는 프랑스의 코미디 영화 〈알로, 슈티〉야. 이 영화를 보면 유쾌하고 따뜻한 마을, 정이 넘치는 사람들, 절로 웃음이 나는 유머 덕분에 기분이 좋아져. 가족과의 유대감을 끈끈하게 만드는 일 못지않게 공동체를 이루며 살아가는 이웃과의 일상도 중요하다는 점도 배울 수 있지. 난 이 영화 덕에 살아가는 방식도 조금 변한 것 같아. 아쉽게도 니미에와 웨딩이 쓴 책에는 이 영화가 언급되지 않았지만, 각자가 자신의 긍정적인 감정을 강화시키는 영화를 골라 목록을 만들어도 좋을 것 같아.

난 어떤 영화가 언제, 어떻게, 왜 우리에게 긍정적인 효과를 일으키는지를 우리 스스로 정확히 알고 있다고 생각해. 그러니 취향에 맞는 영화, 배우자나 연인과 타협해 고른 영화, 새로 나온 영화, 비평가들이 주목하는 영화만 보지 말았으면 해. 영화에 치유 효과가 있다는 점을 인정하고 영화를 영혼의 위로이자 긍정적인 감정의 강화 도구로서 바라볼 줄도 알아야 해.

영화가 사람들에게 보편적으로 어떤 영향을 미치는지는 우리 아들을 보면 알아. 우리 아들은 영화광이야. 아직 10대인 아들의 인생에서 아주 중요한 시기였던 지난 몇 년 동안, 영화 덕분에 아들과 더 가까워질 수 있었어. 〈굿바이 베를린〉, 〈타이타닉〉, 〈제미니 맨〉, 〈특전 유보트〉, 〈길버트 그레이프〉 등의 여러 영화에서 성실함과 다정함, 세상으로부터의 도피, 용기, 학교 친구들, 부당함 같은 여러 주제를 찾아내며 깊게 대화했거든. 예전에는 영화가 그리 중요한 미디어가 아니라고 생각했어. 하지만 점점 영화를 통해 배우는 바가 많아졌지. 언제 한번 너와 함께 영화관에 가야 할 것 같아. 그럼 곧 보자.

안네가

일상 속 시네마 테라피

영화는 매스미디어입니다. 책과 달리 많은 사람들이 더 손쉽게 접할 수 있는 매체거든요. 영화 속의 이야기는 책 속의 이야기보다 더 감정적으로 다가옵니다. 영화를 감상하다 보면 영화라는 것이 단순히 스크린을 통해 사랑하고, 슬퍼하고, 거짓말하고, 다시 마음을 털어놓는 모습을 관찰하는 과정 이상의 그 무엇이라는 걸 알 수 있지요. 놀라운 특수효과로 가득 찬 블록버스터 영화의 흔적은 폭발하듯이 불타올라 금방 사라지지만, 잔잔한 영화가 주는 감동은 오랜 여운을 남깁니다.

앞으로 몇 주 혹은 몇 개월 동안 어떤 영화와 주인공이 여러분의 마음을 움직이는지, 여러분이 어떤 대사와 장면에 확 꽂히는지를 의식적으로 관찰해보세요. 어떤 주인공이나 작품이 계속해서 기억에 남는지, 그리고 그 이유는 무엇인지 곰곰이 생각해보세요. 재미있어서인지, 충격받아서인지, 생각할 거리가 많아서인지, 아니면 깜짝 놀라서인지 이유를 찾는 겁니다. 어쩌면 이해가 가지 않거나, 생전 처음 보는 행동을 하는 인물이어서 자꾸 생각날 수도 있죠. 영화가 미치는 효과를 받아들이고 생각한 다음, 짧은 '영화 일기'를 써보세요. 한 달에 한 번 정도는 혼자서 영화를 보고, 그 영화가 정말로 자신에게 잘 맞는지 생각하는 여유도 필요합니다.

다음으로 말씀드릴 연습 과제는 이미 니미에와 웨딩이 추천했던 내용이기도 합니다. 영화는 다양한 성격 특성을 보여주는 매체입니다. 영화가 주는 재미와 지식, 메시지와 에너지가 조금이나마 마음의 힘을 키우는 데 도움이 되었으면 좋겠습니다.

영화 감상으로 긍정의 힘을!

아래에 소개하는 목록은 이미 많은 사람들이 보았을 고전 영화들입니다. 니미에와 웨딩은 각각의 영화가 어떤 성격 특성을 강조하는지 언급했어요.

다음 목록의 영화 중 하나를 고르세요. 아직 보지 않았지만 제목이 끌리는 영화도 좋고, 이미 봤지만 좋다고 생각했던 영화여도 좋습니다. 혹은 영화가 강조하는 성격 특성 중 관심이 가는 것을 고르세요. 현재 자신에게 부족하거나 꼭 필요한 것, 혹은 현재 가장 큰 관심사인 것을 고르면 됩니다.

〈빌리 엘리어트〉, 스티븐 달드리 감독 - **창의성**

〈쉰들러 리스트〉, 스티븐 스필버그 감독 - **용기**

〈사랑은 비를 타고〉, 진 켈리·스탠리 도넌 감독 - **활력**

〈키드〉, 찰리 채플린 감독 - **사랑, 인류애**

〈아프리카의 여왕〉, 존 휴스턴 감독 - **사회지능**

〈간디〉, 리처드 애튼버러 감독 - **지혜**

〈하이 눈〉, 프레드 진네만 감독 - **정의**

〈데드 맨 워킹〉, 팀 로빈스 감독 - **용서**

〈레인 맨〉, 배리 레빈슨 감독 - **겸손**

〈포레스트 검프〉, 로버트 저메키스 감독 - **자기 조절**

〈멋진 인생〉, 프랭크 캐프라 감독 - **삶의 순간**

〈산딸기〉, 잉마르 베리만 감독 - **희망**

보고 싶은 것을 골랐다면 이제 그 영화가 정말로 각각의 성격 특성을 강조하는지 알아볼 차례입니다. 영화를 보면서, 혹은 보고 난 뒤 며칠 동안 계속해서 영화의 내용과 영화에서 강조하는 성격 특성을 곱씹어 보세요. 또 영화의 줄거리와 장면 중 여러분에게 긍정적인 감정을 안겨주는 부분이 어디인지 생각해봅시다.

나에게 던지는 질문

☑ 가장 좋아하는 영화 세 편을 꼽아보세요. 각 영화의 주제는 무엇인가요?

- ☑ 여태까지 보았던 영화 주인공 중 가장 인상 깊은 인물은 누구이며 그 이유는 무엇인가요?
- ☑ 영화를 보고 나서 영향을 받아 변한 부분이 있나요? 혹은 감정이 동화된 적이 있나요?

영화와 성격, 더 깊이 들여다보기

긍정심리 영화 시상식

긍정심리학 뉴스Positive Psychology News에서는 자체적으로 '긍정심리 영화 시상식'을 개최하고 있습니다. 매해 특정한 성격 특성을 강조하는 영화를 찾아 추천하는 시상식이죠. 긍정적인 성격 특성이 강조된 영화를 더 찾아보고 싶다면 수상작을 참고해도 좋습니다.

자신의 강점을 테스트하기

자신의 성격 특성을 더 자세하게 알고 싶다면 이와 관련한 테스트를 받아봐도 좋습니다. 그러면 자신의 강점이 무엇인지 파악하게 됩니다. 앞서 언급한 긍정심리학의 주요 성격 특성만이 강점인 것은 아니에요. 자기 주관이 뚜렷한 성격이나 협동심 등도 긍정적인 성격 특성일 수 있지요.

#Monthly Challenge

October

10월

아이로 돌아가게 만드는 숲, 바다, 비의 마법

더 가까이 경험하기

▷▷▷▷▷

이번 달에는 자연에서 시간을 보내도록 해. 공원이나 숲, 들판 등 자연과 가까워질 수 있는 곳으로 산책이나 소풍을 자주 가는 편이 좋아. 이때 모든 감각을 동원해 자연을 느껴야 해. 자연을 맛보고, 냄새 맡고, 보고, 듣는 거야. 그래야 자연을 정말로 '경험'했다고 할 수 있어.

여기까지는 기초적인 연습이야. 우선 자연과 가까워졌다면 더 깊이 파고들어가 봐. 숲 전체가 아니라 나무, 덤불, 흙 등 세세한 부분과 연결되는 거야. 이제 가을이라 날이 쌀쌀하니 여름에 일광욕을 하듯이 잔디나 흙바닥 위에 누워 있기는 어렵겠지. 하지만 가끔은 맨발로 낙엽을 밟는 것도, 나무 기둥에 등을 기대어 잠시 여유를 부리는 것도 좋지 않을까? 자연과 가까워지면 마음의 안정뿐만 아니라 힘도 얻을 수 있어.

또 자연으로부터 영감도 얻어봐. 의식적으로 자연을 경험하려고 노력하고 자연이 주는 인상을 열린 마음으로 받아들이려는 태도가 중요해. 자연을 경험하고 받아들이는 것이 자연이 주는 영감을 긍정적인 효과로 발전시킬 전제 조건이니까.

안네에게

난 10월을 아주 좋아해. 물드는 단풍과 조금씩 변하는 풍경, 그리고 어떨 때는 여름 같았다가 갑자기 겨울이 성큼 다가온 것처럼 오락가락하는 날씨까지. 가을에는 동네의 냄새마저 달라져. 흙냄새, 버섯 냄새, 갖가지 꽃향기가 짙어지지. 자연은 영혼을 채우는 주유소나 마찬가지야. 사실 난 멀리 가지 않아도 자연과 가까워질 수 있어. 그리고 올해는 미션을 통해 자연에 더 집중할 수 있겠지.

우선 조깅을 하면서 자연과 가까워지는 연습부터 시작할까 했어. 그런데 아무래도 자연에 흠뻑 빠져들기 어려울 것 같더라. 조깅할 때는 심박이나 호흡에 집중해야 하거든. '오늘도 잘 뛰었다'라는 기분을 느끼려면 달리기에 온 정신을 쏟아부어야 하니 자연을 관찰하기 어려울 것 같았어. 조깅할 때는 자연이 그저 지나가는 배경처럼 보이잖니. 헬스장에서 TV를 보면서 러닝머신을 뛰는 것처럼. 오늘은 유유자적하게 공원을 산책하면서 자연으로부터 얻는 인상에 주목할 거야.

일단 주변 환경을 마치 처음 보는 것처럼 호기심을 갖고 자세히 관찰하기로 마음먹었어. 단풍잎의 앞면과 뒷면이 어떻게 물들어 가는지, 녹색 자작나무 잎에 노란 얼룩이 얼마나 생겼는지……. 아, 저 앞에서 탁구 치는 여자아이가 아들이랑 같은 반 친구였던 것 같은데. 이름이 뭐였지? 레나? 라우라? 로타? 이런, 벌써 집중력이 흐트러지고 말았어! 좋아, 이번엔 다른 감각기관에 정신을 집중해야지. 냄새를 맡아야겠어. 땅의 냄새, 버섯의 냄새, 꽃의 냄새……. 땀에 전 운동화 냄새! 공원을 정처 없이 걷다 보니 어느새 운동장 부근에 다다랐나 봐. 다시 집중력이 흐트러졌어. 세 번째 시도는 소리를 듣는 거야. 가까운 강둑에서부터 들려오는 갈매기 소리, 낙엽이 바스락거리는 소리……. 응급차 사이렌 소리! 환자가 부디 제시간에 병원에 도착하기를! 아, 도무지 집중력을 붙잡아 둘 수 없었어. 자연을 집중해서 경험하고자 한 시도가 의도와는 조금 다른 방향으로 흐른 것 같아. 내가 뭔가 잘못한 걸까?

난 항상 잔디밭과 튼튼한 나무 몇 그루가 내다보이는 거실에서 일하는 걸 좋아해. 이런 대도시에서는 좀처럼 누리기 힘든 호사지. 당연한 이야기지만 그걸로 충분하지는 않잖아? 창문 밖으로 잔디나 나무를 잠깐 보거나 공원으로 짧은 산책을 나가는 것만으로 자연과 가까워졌다고 말하긴 힘들테니까. 그건 마치 한 10시간 정도 푹 자고 싶은데 소파에서 잠깐 눈만 붙이는 '임시방편'이나 다름없지.

가만히 생각해보니 함부르크라는 대도시에서 내가 자연을 만끽하기 어려운 이유는 단순히 소음이나 냄새 때문만이 아니었어. 문제는 사람이야. 타인에 대한 나의 관심이나 호기심은 물론이고, 외부의 시선을 의식하는 것 자체가 자연을 느끼는 데 방해가 돼. 이대로는 자연을 체험할 수 없겠다는 생각이 들었어. 도시 생활의 장점이 나를 자연에서 멀어지게 만들고, 이번 달의 미션을 방해하고 있어. 이제 환경과 나 사이의 균형을 맞춰야 할 때야.

혼자서
자연을 만끽한다는 것

홀로 자연을 온전히 누리는 데 딱 맞는 장소가 있어. 엘베 강을 따라 함부르크에서 동남쪽으로 약 100킬로미터를 가면 나오는 뤼호브 단넨베르크라는 곳이야. 여름이면 황새가 엘베 강의 물결을 가르며 날아다니고 비버가 집을 짓는 곳이지. 10년쯤 전에 우리 가족은 그 근처 강과 언덕 사이에 있는 통나무집을 한 채 샀는데, 당시에 친구들은 그 소식을 듣고 경악했어.

"그렇게 멀리 별장을 샀다고? 그 정도면 오후에 시간 내서 잠깐 가는 곳이 아니라 주말을 통째로 보내러 가야 하는 곳이잖아!"

그래도 난 좋았어. 원래 사는 곳과 멀리 떨어진다는 건 일상에서 벗어나 나 자신과 더 가까워진다는 뜻이니까.

뤼호브 단넨베르크에는 널따란 숲이 있는데, 그곳에 들어가면 누구나 헨젤과 그레텔, 혹은 빨간 모자가 된 것 같은 기분이 들 거야. 숲에 들어갈 때 휴대전화는 핸드백과 함께 차에 놔뒀어. 휴대전화 때문에 내가 벗어나고자 하는 세상과 억지로 연결되기 싫었거든.

숲에 들어가서 열 걸음도 채 걷기 전에 깨달았어. 이게 내 길이구나! 물리적인 의미로도, 그리고 정신적인 의미로도! 여기서 나는 누구의 눈에도 띄지 않고(그럴 거라 생각해) 혼자 자연에 빠져들 수 있었어. 마치 투명 망토를 뒤집어쓰고 세상을 돌아다니는 기분이었달까? 한 걸음 걸을 때마다 함부르크의 공원을 걸을 때처럼 새로운 냄새가 났는데, 당연하게도 숲 냄새가 훨씬 진하고 강렬했어. 자연의 냄새가 사방에서 몰려들어 나를 관통하는 것 같았지. 그저 보거나 듣거나 냄새 맡는 것뿐만 아니라 촉각으로도 느껴보고 싶었어.

숲에는 만져볼 것 천지야. 낙엽만 하더라도 생김새와 감촉이 저마다 달라. 너도밤나무와 보리수 잎은 마치 솜털처럼 부드럽고 떡

갈나무 잎은 단단하고 거칠어서 구부리기도 힘들 정도거든. 나무딸기 잎의 아랫면은 가시가 촘촘하게 돋아 까슬까슬해. 나무줄기도 저마다 다르게 생겼어. 어떤 것은 나이가 들어 거칠고 여기저기 갈라진 틈이 있었지만 어떤 것은 아직 어려서인지 매끈했어. 어떤 것은 부러진 가지 때문에 속살을 내보이고 있었지. 이끼는 폭신폭신하면서도 축축했어. 주말에 자주 오던 곳이었는데도 이렇게 숲을 깊숙이 체험한 적은 처음이야.

숲을 더 깊이 느껴보려고 눈을 감았어. 손끝에 스치는 나무와 풀이 느껴질 때마다 나는 마치 아트 갤러리나 교회당을 거니는 기분이었어. 경외심이 들 정도로 놀라운 기분이었고, 내가 그런 감정을 느꼈다는 데 당황했어. 여태까지 진정한 숲을 보지 못하고 산 사람이 된 것 같았거든. 놀라운 기분은 금방 가시지 않았어. 1월의 미션이었던 명상과 7월의 미술관 방문 때 느꼈던 마법과 같은 연결이 계속해서 이어졌지. 곧 부슬비가 내리기 시작했는데, 구름 사이로 햇빛이 비치니 안개처럼 내리는 비가 마치 은빛 커튼처럼 보였어. 커튼 자락이 내 피부로 가볍게 내려앉는 감각이 기분 좋았어. 이런 비라면 우산이나 모자를 쓸 필요가 없을 거야.

어딘가에서 딱따구리가 나무를 쪼는 소리, 새가 노래하는 소리가 들렸어(울음소리만으로 무슨 새인지 알 수 있었다면 좋았을 텐데!).

반짝이는 푸른빛 꼬리를 뽐내며 잠자리가 눈앞에서 이리저리 날아다녔고 잠자리를 좇던 내 시선은 어느새 봉숭아로 옮아갔어. 도저히 참을 수가 없어서 씨가 가득 여문 꼬투리를 톡 눌러 터뜨리고 말았지. 어렸을 때 시간 가는 줄 모르고 했던 놀이이기도 해.

과거에도 지금도 미래에도
항상 그 자리에 있는 숲

갈림길에 다다라 잠깐 멈춰 섰는데 갑자기 어딘가에 기대고 싶다는 충동이 들더라. 단단하면서도 편안해 보이는 나무들이 어서 자기에게 기대어보라고 권하는 것 같았지. 키 큰 가문비나무에 등을 기대자 강인함이 느껴졌어. 다시금 눈을 감고 내 몸의 긴장과 스트레스를 느꼈지. 장딴지와 어깨 뭉침, 입천장을 꾹 누르고 있는 혀까지. 나무처럼 서 있으면 스트레스를 조금 덜어낼 수 있을까? 맨발로, 다리를 넓게 벌리고 마치 뿌리가 자란 것처럼 가문비나무 옆에 서볼까? 어렸을 때는 이른 봄부터 늦가을까지 맨발로 숲속을 돌아다니곤 했는데. 맨발로 돌아다니는 건 숲과 이어질 수 있는 또 다른 방법이자 마음을 안정시킬 수단이고 자유였거든. 그때처럼 맨발로 숲을 돌아다니고 싶어졌어.

"이 날씨에 맨발로 돌아다닌다고? 얼어 죽을 일 있어?"라며 잔소리할 사람도 없겠다, 곧장 신발을 벗었어. 그러자 땅이 발을 단단하게 지탱해주고 바람이 머리카락과 목도리처럼 흔들리는 것들을 가볍게 감싸고 쓰다듬는 기분이었어. 안정적이고 포근한 느낌은 행복한 삶을 꾸려가는 기반이야. 그 근본적인 사실을 숲에서 새삼 깨달았지. 숲을 온몸으로 느끼고 있자니 내가 숲이라는 삶의 순환 과정 속의 일부가 된 기분이 들었어.

그런데 그때 갑자기 웅성거리는 소리가 들리는 거야. 내가 서 있던 곳이 산책로였는지, 알록달록한 옷을 입은 사람들 무리가 하필이면 그때, 그곳에 나타난 거 있지! 난 순식간에 자연과 하나 된 명상 상태에서 강제로 끄집어내지고 말았어. 아마 그 사람들은 나중에 숲속에서 맨발로 땅에 뿌리라도 박힌 듯 서 있는 이상한 여자를 봤다며 수군거렸겠지. 숲속에서 꼼짝하지 않고 가만히 서 있는 여자라니, 얼마나 희한하게 보였겠어?

그래도 난 신경 쓰지 않고 오른쪽 길로 갔다가 왼쪽 길로 가기도 하면서 계속 맨발로 걸었어. 발밑의 흙은 축축하면서도 차가웠고, 돌과 가시가 발을 찔러댔지만 몇 걸음 더 걸으니 불편한 감각은 서서히 사라지고 발이 점차 단단하고 따뜻해지는 기분이 들었어. 거의 다 부식된 벤치를 하나 발견해 다시 신발을 신으려고 그 위에 앉았는데, 발이 숲의 흙바닥에서 에너지를 흡수하기라도 한 것처럼 혈기가 도는 느낌이었어.

잠시 벤치에 앉아 하늘을 올려다봤어. 비를 뿌리던 검은 장벽은 어디론가 사라지고 다시 파래진 하늘에 구름이 떠가는 모습이 보였지. 동화에나 나올 법한 용과 입을 쩍 벌린 괴물 같은 구름이 지나가는 걸 멍하니 지켜보았어.

공명共鳴을 심도 있게 연구한 한 사회학자는 "우리의 제어를 벗어난 것, 즉 파악 불가능성은 우리를 세상과 공명하도록 만든다."라고 말했어. 갑자기 첫눈이 내릴 때를 생각해봐. 아니면 내 의지와는 상관없이 하늘 위로 지나가는 각양각색의 구름을 하염없이 바라본다고 하자. 문득 어렸을 때로 돌아간 기분이 들지 않겠니? 누구나 어렸을 때 마룻바닥의 나뭇결무늬를 빤히 들여다보거나 빨랫줄에 걸려 있던 블라우스를 바닥으로 떨어뜨리는 작은 동물을 훔쳐본 경험이 있으니 말이야. 나는 다시 눈을 감고 눈꺼풀 위로 내리쬐는 빛줄기가 시시각각 바뀌는 감각을 느꼈어. 빨갛게 칠해진 동굴 안에 앉아 강한 스포트라이트를 받는 기분이었어. 나를 둘러싼 거대하고 자유로운 공간이 내 몸속의 새로운 공간과 공명하며 나만의 공간을 발견하도록 도와주는 것 같았지.

다시 일어나 발걸음을 옮겼어. 계속해서 왼쪽으로 꺾어 들어가는 동안, 아무도 마주치지 않았어. 주변에는 양치식물이 잔뜩 자라 있더라. 수십 년 전에 할머니가 설명해준 내용이 떠올랐지. 양치식물은 공룡들이 살던 시대에도 자라던 식물이라고. 갑자기 나 혼자 연대표에서 뚝 떨어져 나오기라도 한 것처럼 모든 것이 초현실적으로 느껴지기 시작했어. 내가 태어났을 때와 비교해도 그리 많이 달라지지 않았을 숲길을, 그리고 50년 후에도 지금과 비슷하게 보일 숲길을 걷고 있다니. 모든 것들이 스스로가 있어야 할 자리를 온전히 차지하고 있는 것 같았어. 물론 나도 마찬가지고.

다음 갈림길에서 한 번 더 꺾었을 때, 마침내 인정할 수밖에 없었어. 숲에서 길을 잃은 빨간 모자처럼 나도 길을 잃었다는 걸 말이야. 길 찾기 앱이 깔린 스마트폰은 자동차에 두고 왔고, 헨젤과 그레텔처럼 빵 부스러기를 흘리지도 않았으니 큰일이었지. 주차장이 대체 어느 방향이었더라? 아무리 둘러봐도 낯선 풍경이었어.

심장박동이 잠깐 빨라졌다가 다시 평소와 같은 속도로 돌아오는 것을 느끼며 가만히 서 있었어. 그리고 이렇게 생각했지. 이건 아무 일도 아냐! 어차피 난 지금 이 나라 안에 있잖아? 나한테 일어날 수 있는 최악의 사건이라 봐야 시끌벅적한 등산객들을 다시 만나서 그 사람들한테 길을 물어보는 거 아니겠어? 숲이 나를 집어삼키는 것도 아니니까. 숲은 그저 아이에게 헤드록을 걸고 빠져나와 보라고 말하는 장난기 많은 아버지처럼 날 꽉 붙들고 있을 뿐이야. 그때 우리 아들이 한 말이 떠올랐어.

"미로에 갇히면 갈림길에서 무조건 왼쪽으로 꺾으면 돼. 그러면 다시 밖으로 나갈 수 있어."

아들이 미로 게임을 하면서 했던 말인데, 디지털이 아닌 아날로그 세상에서도 잘 통하는 방법일지 몰라.

그래서 난 아들 말대로 무조건 왼쪽으로만 나아갔어. 30분쯤 후 주차장을 다시 찾았을 때에는 오히려 실망감이 밀려들 정도였어. 숲이 나를 이렇게 금방 놓아주다니!

민감해진 감각으로 만끽하는 파스텔 톤 가을 왕국

그날 밤은 통나무 별장의 캠핑 텐트에서 보냈고 다음 날 아침 일찍 다시 숲으로 들어갔어. 이번 '소풍'을 통해서 내 모든 감각이 훨씬 예민해진 기분이야. 평소보다 더 잘 보이고, 더 잘 들리고, 더 잘 느껴졌지. 한껏 민감해진 감각으로 주변 환경을 더 자세히 인식하고 싶었어. 여태까지 자연을 이렇게나 가까운 곳에서 피부에 스밀 정도로 느껴본 적이 없었거든.

날이 몹시 추웠지만 별장에서부터 아예 맨발로 출발했어. 우선은 우리 가족이 여름마다 피크닉을 즐기던 강가의 모래사장으로 향했지. 사람이 언제든 빠질 수 있는 곳이야. 자신의 내면으로든, 아니면 말 그대로 물속으로든 말이야. 걸어가는 동안 솔잎과 잔디, 모래 등을 밟을 때 발바닥의 느낌이 얼마나 다른지를 느꼈어. 전날보다 훨씬 마음이 차분해지더라. 눈에 보이는 풍경도 몇 배나 풍성했고. 태양이 구름 뒤에서부터 고개를 내밀 때 피부로 느껴지는 감각의 변화와 차가운 공기가 코를 통해 들어왔다가 따뜻한 공기가 되어 다시 빠져나가는 감각이 생생했어. 난 무의식중에 아주 천천히 걸었어. 특정한 목적지를 향해 간다는 사실보다는 그냥 걷는 것 그 자체가, 모든 발걸음이 즐거웠기 때문인가 봐. 오직 자연과 나뿐인 공간에서 걷는 건 정말 황홀한 기분이야. 주변은 채도가 강한 파스텔 톤으로 물든 가을 왕국이었어. 나뭇잎 사이로 햇빛이 새어 들어와 조금 흐릿해지기도 했지.

마침내 나의 맨발바닥이 강가의 모래사장을 밟았어. 인체공학적 디자인으로 가장 편안하게 만들어진 발 받침대를 디디는 기분이었달까. 모래가 부드럽게 너울거리며 내 발 모양에 맞춰 쿠션을 만들어주었지. 마치 내가 오길 기다리기라도 한 듯이. 눈앞으로는 은빛으로 반짝이는 엘베 강이 모래사장과 가까운 곳에서 잔물결을 일으키면서 흘러갔어. 돌비 서라운드 시스템에 둘러싸인 것처럼 자연의 소리가 귀로 밀려들어오는 기분이었지. 강 건너에 자리를 잡고 앉아 제 목소리가 더 크다고 뻐기듯이 소리를 질러대는 거위 떼, 저쪽 마을에서부터 들려오는 개 짖는 소리. 주변을 둘러보자 놀랍게도 난 혼자가 아니었어. 방파제 위에서 커플이 서로 등을 대고 앉아 아침 햇볕을 받으며 조용히 이야기를 나누고 있었어. 나는 그 커플이 날 보면 뭐라 생각할지 전혀 신경 쓰지 않고 모래사장에 등을 대고 누웠어. 포근하게 감싸 안는 모래는 생각보다 더 따뜻하더라. 그 안에 아직 여름의 햇살을 품고 있기라도 한 것처럼. 등과 엉덩이, 그리고 다리가 모래 속으로 빠져드는 기분이었어. 위로는 구름이 흘러갔어.

주변의 모든 것들이 겨울을 잘 견뎌낼 것처럼 보였어. 나무는 추위 속에서 더 잘 버티려고 이파리를 모두 떨어뜨리고 신진대사를 느리게 만들 거야. 강 건너 거위 떼는 곧 남쪽으로 날아가겠지. 그리고 나는? 난 발바닥으로 느낀 따스하고 포근한 감각으로 곧 다가올 겨울을 날 거고, 삶이 재미없어질 때마다 이 감각을 떠올릴 거야. 날씨가 더 추워지더라도 내 두 발이 나를 움직여줄 테고, 발은 움직이면서 점점 더 따뜻해질 테니까. 10월 미션을 수행하면서 더 튼튼해지고, 스스로와 더 진하게 이어진 기분이야.

이번 달에는 이런저런 생각을 많이 하지 않은 게 오히려 좋았어. 모든 걸 깊이 해석하거나 모든 일에서 굳이 연관성을 찾지 않은 게 도움이 됐다는 말이야. 세상을, 그리고 스스로를 설명하려고 하기보다는 그냥 이 세상을 있는 그대로 파악하고 느끼고 경탄에 찬 시선으로 바라보는 게 좋아. 여태까지 여행을 참 많이 다녔는데, 이토록 머릿속을 깨끗이 비우고 편안해진 건 처음이야. 다시 어린아이로 돌아가 마법 같은 꿈을 꾸는 기분이었어. 자기돌봄을 위한 미션도 벌써 열 달째 하고 있으니 이상한 일도 아니지. 다만 이번 미션을 할 때는 일상에서 내면으로, 그리고 다시 일상으로 돌아오기까지 오랜 시간이 걸렸어. 아무런 편견 없이 모든 것을 받아들이던 순수함은 어른이 되면서 퇴색되었지만 우리는 여전히 어렸을 때와 똑같이 감탄할 수 있다고 생각해.

그 후로 2주가 지났어. 그 사이 가족과 발트해에 다녀왔는데, 북해 같은 분위기가 나더라. 태풍 기젤라가 몰고 온 집채만 한 잿빛 파도가 해변은 물론이고 비치발리볼 네트와 모래 놀이터까지 삼켜버렸거든. 강한 바람이 단단하게 고정되지 않은 것들을 전부 날려버렸고 나뭇잎을 모조리 떨어뜨릴 기세로 나무를 흔들어댔어. 맞바람 때문에 걸음을 내딛기조차 힘들 지경이었지. 이걸로 나의 자연 체험이 완벽해졌어. 햇빛부터 비, 숲과 강, 그리고 바다와 태풍까지 모두 경험했으니까.

포말이 해안선에 부딪쳐 부서졌고 발아래서는 모래가 부드득거렸어. 발바닥으로 둥글고 매끈한 돌이 느껴졌지. 2주 전에 숲에서 느꼈던 것과 비슷한 기분이 들었어. 이 자연의, 날것의 힘 안에서 나는 보호받고 있구나. 치유되고 있구나. 자연의 일부분으로 존재하고 있구나.

앞으로는 집 근처 작은 공원에서도 자연의 여러 풍경과 그 숨결을 느끼며 기분 전환을 할 수 있을 것 같아. 피곤할 때 잠깐 눈을 붙이는 것만으로도 컨디션이 한결 나아지는 것처럼.

그 마법 같은 장소에 함께 가지 않을래? 언제 한번 바다에 가자. 아니면 엘베 강이 흐르는 숲도 좋아.

베레나가

October

벨레나에게

수십 년 전에 삼림욕이라는 단어를 처음 들었을 때, 난 나무와 풀이 우거진 숲속에 욕조를 놓고 새들이 지저귀는 소리를 들으며 거품 목욕을 하는 모습을 상상했어. 삼림욕이 무엇인지 정확히 알고 났을 때는 참 적절한 이름이 붙은 좋은 아이디어라는 생각이 들었지. 장기간에 걸친 실험 결과가 삼림욕의 장점을 뒷받침한다는 사실은 조금 나중에 알았고.

삼림욕은 일본에서 처음 유행하기 시작했어. 니혼 의과대학교에서는 숲에 잠깐 머물렀을 때 건강에 어떤 효과가 있는지 연구했는데, 놀랍게도 숲속 공기 중에 떠다니는 화학적 구성 성분을 들이마시고 내쉬는 것만으로도 기도와 폐, 면역체계는 물론 심장과 순환기가 튼튼해진다는 결과가 나왔어.

뿐만 아니라 숲은 정신적인 효과를 주기도 해. 숲에서 시간을 보낸 참가자들의 우울 증세나 불안이 눈에 띄게 줄어들었거든.

하지만 다른 한편으로는 전혀 놀라울 것이 없기도 해. 온몸으로 자연을 느끼면 마음이 안정되고 스트레스가 줄어든다는 건 누구나 경험적으로 알고 있는 사실이니까 말이야. 환경심리학자들은 이미 수십 년 전부터 자연이 어떻게 인간의 몸과 마음을 안정시키고, 편안하게 만들고, 튼튼하게 만드는지를 연구하기 시작했어.

미시간 대학교의 심리학자인 레이첼 카플란Rachel Kaplan과 스티븐 카플란Stephen Kaplan은 주의력 회복 이론Attention Restoration Theory을 주장했지. 주의력 회복 이론이란 미디어나 대도시 같은 인공적인 환경에 오래 노출된 인간의 감각이 본능적으로 자연의 자극을 찾는다는 거야. 동식물의 냄새나 소리, 나뭇잎 사이로 비치는 햇빛 같은 자연 환경이 인공적인 미디어보다 훨씬 더 재미있고 흥미롭게 느껴진다는 거지. 대부분의 전자기기처럼 인간을 흥분시키지는 않고 말이야. 즉 평소 과도한 인공 자극 때문에 피로해졌던 우리 인간이 자연의 자극으로부터 회복력을 얻을 수 있다는 이론이야. 미시간 대학교의 또 다른 연구에서는 실험 참가자들이 더 의식적으로 숲이나 다른 자연 환경의 자극을 느낄수록, 그러니까 온몸의 감각을 활용해 자연을 인식할수록 집중력과 회복력 향상이 두드러졌다고 해. 자연을 가까이할 때 모든 감각을 활짝 열어두는 게 얼마나 중요한지 알 수 있는 대목이지.

너는 이번 미션의 효과를 톡톡히 본 것 같아. 미션 자체도 너에겐 식은 죽 먹기였고 말이야. 숲의 모습을 그저 사진으로만 보는 것과 숲과 직접 이어지는 건 네가 편지에도 썼듯이 완전히 다른 경험이야.

몇몇 환경심리학자들은 꼭 깊은 숲이나 산, 사람이 없는 해변으로 가야만 자연을 경험할 수 있는 건 아니라고 했어. 매일 공원을 산책하거나 도심에 있는 작은 동산을 오르는 것만으로도 긍정적인 효과를 얻을 수 있거든.

네가 도심의 공원에서는 그리 큰 효과를 느끼지 못한 것 같아 안타까워. 하지만 여러 전문가들은 가까이에 있는 작은 공원에라도 나가는 편이 좋다고 추천한단다. 건축심리학자이자 환경심리학자인 분과 인터뷰한 적이 있는데, 그가 이런 말을 하더라고.

"긍정적인 효과를 얻는 데 필요한 자연의 규모가 얼마나 작은지를 알면 당황스러울 정도죠."

그는 병실에 화분을 몇 개 놔두는 것만으로도 환자들의 회복 속도가 빨라진다고 설명했어. 네덜란드에서 진행된 연구 결과에 따르면, 똑같이 도심에 사는 사람들일지라도 근처에 녹지가 있느냐 없느냐에 따라 건강에 확연한 차이가 있다고 해.

넌 이번 미션을 통해 숲과 강에서 편안함과 기분 전환을 경험했고, 거기에 더해 더 깊어진 감각과 균형, 거대한 자연과 하나가 되는 일체감을 느꼈구나. 자연은 이런 초월적인 감각을 불러일으키는 존재야. 이것 또한 연구 결과로 증명되었지.

멜버른 대학교에서 진행한 한 실험에서는 참가자들에게 숲에 머무르면서 어떤 경험을 했느냐고 물었는데, 대부분의 참가자들은 자연으로부터 안전하게 보호받는 기분이었고 자연과 하나가 된 것 같았다고 답했어. 자연과 이어지는 감각은 우리 인간이 자기 자신과 한 걸음 더 가까워지는 데 도움이 돼. 네가 자연으로부터 위로받았다고 느낀 것도 이해가 가.

자연 속에서 고차원적인 감각을 경험한다는 것은 모순적이지만 우리를 자극하는 동시에 평온하게 만들기도 해. 어쩌면 그래서 자연이 주는 영향이 극대화되는지도 모르지. 앞으로도 네가 스스로를 자연으로 채워간다면 좋겠어. 너의 건강을 기원하며!

안네가

일상 속 자연 경험하기

이번 장에서는 조언을 짧게 줄일 생각입니다. 여러분이 이미 어디에서 어떻게 자연과 가까워질 수 있을지를 잘 알고 있을 테니까요. 바다를 좋아하는 분도, 산을 좋아하는 분도, 대도시에 있는 공원에서 간단한 산책을 즐기는 분도 계시겠죠. 정원을 가꾸는 데 열정을 쏟거나 마당의 잔디를 항상 일정한 길이로 유지하는 데 심혈을 기울이는 분도 계실 겁니다. 선호하는 자연 환경이 있다면, 그리고 그 자연과 가까워지는 방법을 알고 있다면 이번 장은 그냥 좋은 추억으로 남겨두고, 평소의 습관을 그대로 이어가면 됩니다.

마당이나 정원이 없고, 자연과 가까워질 기회가 없다면 어떻게 해야 할지 몰라 당황스러울 수도 있어요. 몇 시간이나 차를 타고 가야만 바다나 산을 볼 수 있는 곳에 살고 있다면 말이에요. 그런 분들이야말로 집 앞에서 접할 수 있는 작은 자연의 산물을, 별로 특별할 것 없어 보이는 식물들을 소중하게 생각해야 합니다. 자연이 주는 효과에 집중하고 그것을 흡수하고 즐기는 것이 중요해요. 도시에 산다면 자연을 만끽하는 법부터 배우는 게 좋습니다. 자연과 가까운 곳에 산다면 아마 웬만한 자연심리학자 저리 가라 할 정도로 자연이 얼마나 소중한 영혼의 자양분인지 아실 테죠. 자연을 통해 몸과 마음을 회복하는 방법 또한 도시에 사는 사람들에 비해 잘 아실 거고요.

생각은 그만! 당장 일어나 집 밖으로 나서기

철학자 프리드리히 니체Friedrich Nietzsche는 "나는 적어도 10킬로미터를 걸어 다닌 생각만을 믿을 것이다."라고 말했습니다. 이 말은 산책이 깊은 생각에 빠지고, 주변에 대한 신경을 차단하며, 사고의 방향을 바꾸는 데 도움이 된다는 뜻이지요.

니체의 조언을 따라볼까요? 작은 가방에 물 한 병, 비상금 조금, 손수건이나 휴지 등을 챙겨 넣고, 그 가방을 눈에 잘 보이는 곳에 둡니다. 의기소침해지거나 우울한 생각에 빠져들려고 할 때, 혹은 걱정거리나 해결하기 힘든 문제가 생겼을 때 당장 가방을 메고 집과 가까운 자연으로 떠나 긴 산책을 해보세요. 그리고 자연의 효과를 느끼는 겁니다.

집으로 다시 돌아왔을 때 무엇이 달라졌나요? 문제를 바라보는 시각이나 우울한 생각이 변했나요? 만약 그렇다면 다음번에 똑같은 상황에 처했을 때도 자연을 거닐어보세요. 짐을 싼 가방을 눈에 잘 보이는 곳에 두는 건 보조적인 수단일 뿐입니다. 조깅할 때 발과 무릎을 보호하고 운동의 효과를 극대화하기 위해 착용하는 러닝화와 같죠. 직접 집 밖으로 나가 행동하는 것이 가장 중요합니다.

나에게 던지는 질문

- ☑ 어떤 자연 환경을 가장 좋아하나요? 그곳에서 어떤 감각과 인상을 느끼나요?
- ☑ 평소 어떻게 자연을 느끼나요? 자연을 충분히 만끽하고 있다고 생각하나요? 아니면 자연과 조금 더 가까워지고 싶다고 생각하나요?
- ☑ 시간과 돈을 많이 들이지 않고도 자연을 경험할 수 있는 곳이 주변에 있나요? 그곳에서 긍정적인 효과를 느낄 수 있나요?

도심에서도 손쉽게 자연을 만끽하는 법

정원 혹은 주말농장 가꾸기

시간과 장소가 허락된다면 정원이나 주말농장을 가꿔도 좋습니다. 마당이나 베란다에 조그만 공간을 만들어 기르기 쉬운 작물을 길러도 좋고, 넓은 주말농장을 빌려 가족끼리, 또는 다른 사람들과 공동으로 본격적인 농사를 지어도 좋아요. 최근에는 작물을 직접 기르거나 주말농장에 가는 사람들이 많아 정보를 교류하기도 쉽죠.

동식물 관찰하기

어린이들을 위한 자연과학 도서 중에 실제로 본 동물이나 식물을 체크해 점수를 얻는 독자 참여형 책이 있습니다. 어린이들이 근처의 자연을 더 자세히 들여다보고 배우도록 만들기 위한 책이죠. 어른에게도 큰 도움이 되는 책입니다. 평소에는 눈길도 주지 않고 지나치던 것들을 마치 연구자가 된 듯 자세히 관찰한다면 새로운 사실을 발견할지도 모르니까요. 새를 관찰하거나, 낙엽을 모으거나, 곤충 채집통을 들고 산책을 나가보세요. 이런 방법으로 자연과 가까워질 수 있습니다. 관련 동호회나 인터넷 사이트에서 정보를 교류해도 좋아요.

#Monthly Challenge

November

11월

한 번쯤은 보이지 않는 친구들까지 털어내라

일상 속의 '줄이기'

▷▷▷▷▷

이번 미션은 자발적인 거리두기야. 평소에 짐을 줄여야 할 때 가장 먼저 생각하는 게 안 입는 옷 정리잖아? 그런 것처럼 지인이나 친구와의 연락과 만남을 자발적으로 줄이는 게 이번 달에 네가 해야 할 일이야. 친구와 연락하고 만나는 횟수를 일정 수준으로 줄이면, 분명 너 자신의 몸과 영혼에도 큰 위안이 될 거야.

우선 이번 달에 만나거나 연락하고 싶은 사람들, 연락을 더 자주 하고 싶은 사람들의 목록을 추려봐. 그리고 그 목록에 들지 않은 사람들과의 연락은 잠시 과감하게 끊는 거야. 이번 달 미션에는 소셜 미디어 다이어트도 포함돼. 이메일은 네가 일하는 데 꼭 필요하니 어쩔 수 없지만, 페이스북이나 인스타그램 같은 SNS 사용은 접어두는 편이 좋아.

이렇게 자발적으로 사람들과 거리를 뒀을 때 어떤 감정이 생기는지, 어떤 효과가 있는지를 일상 속에서 느껴보기 바랄게.

November

안네에게

'삶이 너에게 레몬을 주거든 그걸로 레모네이드를 만들어라'라는 말이 있지. 삶이 준 시련을 긍정적으로 이용하라는 뜻인데, 이번 달 미션이 이 말에 딱 들어맞는 것 같아. 팬데믹이라는 힘든 상황을 이용해 자발적인 거리두기를 하며 스스로를 찾는 실험이니까 말이야. 사실 강제적인 거리두기는 매우 불편해. 그래서 치명적인 바이러스든 전염성 질병이든, 어떤 이유든 간에 제약이 생겼을 때 사람들이 가장 먼저 하는 행동은 반발이야. 이번 달 미션을 보자마자 내 안의 반항적인 자아가 곧장 악을 질러대기 시작한 것처럼.

"자발적인 거리두기라고? 누구 맘대로? 나한테 좋은 자기돌봄은 내가 제일 잘 알아!"

한편 이성적인 자아는 이번 달 미션이 아주 좋다고 생각했지. 불편한 상황에 처했을 때 반항하기보다 그것을 그저 받아들일 뿐만 아니라(위기관리 코치들이 말하는 받아들임Radical Acceptance 말이야) 긍정적인 방향으로 전환해 나만의 것으로 만든다는 아이디어가 마음에 들었거든. 이번 달 미션을 나만의 방식으로 이렇게 바꿔 생각하기로 했어.

'어차피 이미 국가 차원에서 거리두기 및 모임 제한을 시행했었잖아? 지금 깨달은 거지만 나 스스로도 만남이나 연락을 조금 제한하고 싶었는지도 몰라.'

높은 곳에 매달린 포도를 보고 "어차피 저 포도는 신 포도일 거야."라고 합리화한 여우처럼 말이지. 어쨌든 나 또한 만남과 연락을 줄이고 싶었다고 생각해야 연락을 강제로 저지당했다는 기분을 느끼지 않을 테니까.

패스트푸드 같은 인간관계는 그만!

우선 난 화상전화를 줄이고 SNS 계정을 당분간 아예 닫기로 결정했어. 집에서 혼자 모니터만 노려보며 일하는 나에게 페이스북은 동료들과 수다를 떨 수 있는 탕비실이자 휴게실 같은 존재야. 그런데 그 공간을 잠시 닫기로 한 거지. 한 달 동안 페이스북을 닫겠다는 소식을 전하자 친구와 동료들은 깜짝 놀랐지만 따뜻한 반응을 보여줬어.

"SNS 없는 시간을 즐겨! 분명 좋은 시간일 거야."

격려의 말을 듣자 마음이 한결 가벼워졌어. 주변 사람들이 날 기꺼이 보내주고, 내가 돌아왔을 때 이상하게 여기지 않고 다시 환영해주리라 생각하니 마음이 따뜻해졌지.

그럼에도 어쨌든 나는 사회적 동물이야. 직업적으로든 사적으로든 타인과의 교류가 꼭 필요한 사람이지. 과연 이번 달 미션을 수행하는 동안 나에게 어떤 일이 일어날까? 평소에 나는 느슨하기는 해도 친구나 지인과의 연결의 끈을 절대 놓지 않거든. 아침에 비몽사몽인 채로 식탁에 둘러앉아 가족과 이야기를 나누는 시간을 갖지 않는다면 어떻게 될까?

페이스북을 잠시 닫으면서(마우스를 몇 번 클릭하는 것뿐이었지만 아주 무거운 창의 덧문을 닫고 삐걱거리는 금속 빗장으로 단단히 걸어 잠그는 기분이었어) 새삼 여태까지 타인과의 연락을 줄여본 적이 없는 삶을 살았다는 생각이 들더라. 다른 많은 사람들과 마찬가지로 나도 스마트폰의 연락처를 계속해서 뒤지면서 연락할 사람을 찾곤 했거든.

어렸을 때는 지금과 전혀 달랐어. 열아홉에 대학교에 가려고 생소한 도시로 독립해 나왔을 때 냉장고만 있는 작고 낯선 방에서 혼자 며칠을 보냈던 게 아직도 기억나. 전화도 없었고, 다른 사람과 나눈 대화라 해봐야 생존하는 데 꼭 필요한 말뿐이었어. 밤 10시 넘어 야간 할인이 시작됐을 때에야 겨우 근처 공중전화로 전화를 걸 수 있었지. 늦은 밤에 공중전화 부스에서 50페니히 동전이 다 떨어질 때까지 가족이나 친구들과 대화했던 기억이 나. 길모퉁이 빵집의 점원에게 "오늘 프레첼이 맛있어 보이네요!"라는 인사말을 건네는 것조차 우물쭈물하던 시절이야. 아마 그 점원은 나를 엄청 내성적인 사람이라고 생각했을 거야. 어린아이들이 상상 속 친구에게 말을 거는 것처럼, 그때는 주변에 사람이 없어서 상상 속 친구를 만들어내기 일보직전이었다니까. 대학생이나 돼서 말이야!

케케묵은 옛날 얘기를 했네. 이 화창한 가을날에 30년 전 일을 다시 떠올리고 싶진 않지만, 안타까운 상황이었다는 생각이 들었어. 왁자지껄 함께하는 시기와 고요히 홀로 보내는 시기를 번갈아 보낼 수 있으면 좋을 텐데. 우리 몸이 에너지가 부족할 때를 대비해 넘치는 에너지를 비축해두듯이 말이야. 스마트폰과 페이스북 같은 SNS는 24시간 배달 가능한 음식점이자 상점이 가득한 번화가 같아. 언제든 원하는 만큼의 인간관계를 적절히 채울 수 있으니까. 마치 3월에 직관적으로 먹기 미션을 했을 때처럼. 이런 식의 즉각적인 해갈은 며칠 동안의 단식 끝에 사과를 한 입 베어 문 듯한 달콤함을 선사하지.

안타깝게도 나의 사회적인 삶은 말하자면 패스트푸드 같아. 난 직업적으로든 사적으로든 많은 사람들을 만나서 때때로 반나절 내내 이야기를 나누기도 하는데, 조금만 지나면 누가 무슨 이야기를 했는지 도무지 기억나지 않을 때도 있거든. 시스템 과부하가 일어나는 거지. 페이스북에서는 누가 어떤 글을 썼었는지 몰래 다시 읽어볼 수 있지만 현실에선 그게 어려우니까. 어떨 때는 불과 이틀 전에 파티에서 만났던 사람을 길에서 우연히 마주쳤는데 누구인지 기억해내지 못해 곤란했던 적도 있어. 또 어떤 사람을 만났을 때 지난번과 똑같은 질문을 그대로 다시 하는 경우도 있고. 이번 달에는 그런 일이 없을 거야!

끊을수록 더 깊고 진해지는 만남의 역설

첫 일주일이 지나고 놀라웠던 점이 뭔 줄 알아? 연락 줄이기가 생각보다 쉬웠다는 거야. 아주 수월했어. 타인에게 친절하고 사교적인 사람이라는 사실을 끊임없이 인정받고 그런 모습을 보여줘야 한다는 내면의 압박이 사라져버린 기분이었지. 저녁 시간을 혼자 오롯이 즐기며 남들은 잠시 잊고 자발적인 외톨이가 되어도 좋겠다는 생각이 들더라.

첫 일주일 동안 내가 만난 지인은 딱 한 명뿐이야. 집 밖에서 만나서 같이 우리 집으로 온 다음 소파에 앉아 연극과 여행에 관한 이야기를 나눴어. 연락을 줄이기로 결심한 기간 동안 타인과 수다를 떨고 싶은 욕망을 그 사람과 푼 셈이지. 지인와 함께 보낸 저녁 시간은 아주 즐거웠고 오랜 여운을 남겼어. 지나간 시간이 계속해서 되돌아오는 것 같았거든. 두 번째 주도 비슷했어. 친구 한 명을 만나 엘베 강으로 산책을 갔어. 그 친구를 만나고 벌써 3주가 지났는데도, 난 우리가 나눈 대화 내용을 빠짐없이 기억하고 있어. 그뿐만이 아니야. 친구의 피곤해 보이던 모습, 새로운 외투, 움직임 등을 더 자세히 관찰했고 아직도 눈에 선해. 평소였다면 모든 걸 건성으로 보느라 상대방이 새 안경을 샀는지, 헤어스타일을 바꿨는지도 잘 몰랐을 텐데 말이야(물론 머리카락을 파란색으로 염색했다면 금방 눈치챘겠지만).

연락을 줄였다고 해서 그동안 만난 사람들과 거창한 이야기를 나눈 건 아니야. 그 친구와 저번에 만났을 때는 '존재'라는 거대한 주제에 대해 이야기를 했었는데, 이번에는 딸들 근황이나 아이들의 담임 선생님, 연말 계획 같은 평범한 이야기를 했거든. 그런데도 안테나를 쫑긋 세우고 친구의 말에 더 집중할 수 있었어. 평소와는 전혀 달랐지. 평소에는 남들과 나누는 대화가 머릿속에 너무 많이 흘러 들어와서 뇌의 저장 공간이 견디지 못하고 일부 과부하

된 정보를 지워버리는 기분이었거든. 그리고 과부하로 지워지는 정보란 대개 중요한 것들이었고 말이야.

그렇다면 일할 때 나의 가상 휴게실이 되어주던 SNS를 끊은 건 어떤 효과가 있었을까? 솔직히 말해서 나는 내가 소셜 미디어 계정을 아주 이성적으로 자제하며 사용하고 있다고 생각했어. 팔로워들에게 '좋아요'를 받으려고 케이크 사진이나 필터를 잔뜩 사용한 셀카 사진을 올리기보다는 시사 뉴스의 링크를 올리거나 댓글 토론에 참가하곤 했거든. 어쩔 때는 글 쓸 때 필요한 내용을 조사하고, 어쩔 때는 쓸데없는 헛소리도 읽으며 놀다가 번뜩이는 아이디어를 얻기도 했어. 인터넷 공간을 실제 회사의 탕비실이나 휴게실처럼 이용한 셈이지. 이 정도면 꽤 유용하게 소셜 미디어를 활용하고 있다고 자만하기도 했어. 그런데 나도 나 자신에게 속고 있던 모양이야. 인터넷 공간에서 놀면서 보내는 시간이 얼마 안 된다고 생각했는데, 생각보다 많은 시간을 낭비하고 있었던 거 있지! 소셜 미디어 없이 지내보니 알겠더라고. SNS 계정을 폐쇄하고 나서는 휴식이 필요하다는 생각이 들 때마다 예전에 네가 추천했던 '5분 휴식'을 드디어 시도할 수 있게 됐어.

인터넷 서핑을 하며 보내던 시간을 줄이니 글 쓰는 데 더 집중이 되더라. SNS의 끊임없는 자극과 반응의 굴레에서 벗어난 기분이었지. 원래는 동료가 어떤 의견을 남겼는지 한번 볼까? 혹은 내 글에 동조하는 댓글이 달렸을까?라고 생각하며 SNS를 뒤지곤 했지만 이제는 신경 쓰지 않아.

미션 시작 세 번째 주에 꽉 걸어 잠갔던 마음의 덧문을 조금은 느슨하게 풀어도 될 것 같다는 확신이 들었어. 그래서 페이스북의 시작 화면을 잠시 열었지. 팔로잉 중인 사람들이 정치 현안에 어떤 반응을 보이는지 궁금했거든. 초콜릿 중독자가 단숨에 초콜릿을 끊어버리고는 제대로 끊은 게 맞는지 확인하려고 초콜릿 한 조각을 조금씩 갉아먹는 듯한 기분이었어. 나의 경우에는 댓글을 달거나 '좋아요'를 누르지 않고 아주 조용히, 그림자처럼 글을 읽었지만.

잠시 글을 읽기만 하고도 금세 만족되어서 다시 마음의 덧문을 닫았어. 지인들의 대화에 끼어들거나 댓글을 달거나 '좋아요'를 누르거나 토론에 참여하지 않고 SNS를 닫은 거야. 놀랍게도 속박되었다기보다 자유로워진 기분이었어. 아! 난 파티에서 사람들이 왁자지껄 즐기는 와중에 거기에 끼어들지 않고 그냥 곁에서 조용히 웃는 것만으로도 만족할 수 있는 사람이구나! 노랫소리로 뱃사람을 홀리는 세이렌에게 현혹당하지 않으려고 돛대에 몸을 묶었던 게 오디세이였나? 나도 내 몸을 묶은 것처럼 댓글을 달지 않고 글을 읽기만 했지만, 정보를 얻을 수 있어 만족스러웠어. 다만 그 내용을 기억하지는 않으려고 애썼어. 머릿속 저장 공간의 남은 부분은 아이들과 남편을 위해 남겨두어야 했거든.

요즘 우리 가족은 그 어느 때보다 같은 공간에서 오랜 시간을 보내고 있어. 나는 원래 집에서 일하고 남편은 재택근무 중이거든. 아이들도 마찬가지야. 학교는 다니지만 하교 후엔 거의 대부분 집에서 시간을 보낸단다. 팬데믹 때문에 밖에 나가 활동적인 취미생활을 하기도 어렵고 친구들과의 약속은 최소한으로 줄였으니까. 그래서 어차피 다들 집에 있겠다, 저녁에 함께 둘러앉아 이야기를 나누는 게 어떻겠냐고 제안했지. 아이들은 썩 내키지 않는 눈치더라고. 그런데 다음 날 오후였어. 아들과 공원 운동장에 가는 길에 아들이 나에게 일본 만화 이야기를 줄줄 읊는 거야. 주인공 이름이 뭔지, 어떤 스토리인지 도무지 파악할 수 없었지만 중요한 건 아들이 자신만의 세계를 나와 공유하려고 했다는 점이겠지. 나도 나만의 세계를 아들과 공유했어.

남편과의 데이트도 만족스러웠단다. 우린 오래전부터 데이트를 하러 가기로 약속했거든. 평소라면 무조건 밖으로 나갔겠지만, 오랜만에 집에서 단둘이서만 이야기를 나누며 시간을 보냈지. 할리우드 영화에나 나오는 거창한 이야기가 아니라("당신이 숨겨두었던 꿈, 감추고 있던 욕망은 뭐야?" "세상에, 그런 걸 물어보다니!") 서로의 현재를 더 깊이 알아가는 대화였어. 당신이란 존재는 누구인지, 나에게 곁을 내어줄 수 있는 믿음직한 사람인지, 지금 가장 바쁜 일은 무엇인지, 건강이나 기분은 어떤지, 요즘 즐거운 일은 무엇인지……. 그러다가 문득 그런 생각이 들더라. 남편은 남들과 연락을 줄여도 별 어려움이 없는 사람인데, 그건 남편과 나의 성향이 다르기 때문이 아닐까 하는 생각 말이야.

내 안의 어린 나는 동굴을 찾아야 해

이번 달을 마무리할 때쯤 유명한 뉴스 사이트에 실린 심리학자의 인터뷰를 읽었어. 팬데믹 기간 동안 우울증과 불안증을 앓는 사람들이 대폭 늘어난 반면, 내성적이고 내향적인 사람들은 타인과 교류하기보다는 아무런 방해를 받지 않고 혼자만의 동굴 속에 있는 것을 편안하게 생각했대. 아마 내 남편 같은 사람은 팬데믹이든 다른 비슷한 종류의 위기든 잘 이겨낼 수 있을 거야. 우리 딸도 마찬가지야.

딸은 친구들하고 어울릴 때는 에너지를 전부 쏟아부으며 떠들썩한 시간을 보내지만, 쉴 때만큼은 혼자만의 공간에서 조용히 쉬어야 하는 애야. 그때는 아무도 방해해선 안 돼.

이번 달 미션을 끝마칠 때가 되자 불현듯 깨달은 점이 있어. 난 항상 딸과 내가 완전히 다른 종류의 사람이라고 생각했는데, 꼭 그런 것만도 아닌 것 같아. 나이를 먹으면서 이메일이니, 채팅이니, 스마트폰이니, 소셜 미디어니 하는 새로운 연결망이 하나둘씩 늘어나다 보니까 딸과 비슷하게 보냈던 10대 시절을 잊었을 뿐이었어. 딸아이 나이였을 때 나도 침대에 벌렁 드러누워 혼자만의 시간을 보내는 걸 좋아했거든. 다른 점이 있다면, 딸은 스마트폰을 손에 쥐고 시간을 보내지만, 당시의 나는 책을 읽거나 글을 쓰거나 음악을 들었다는 거겠지.

이번 달 미션을 마치고 나서도, 내 안의 사춘기 소녀를 위한 시간과 공간을 마련해두어야겠다 싶어. 남들이 나를 정의하도록 두지 말고 스스로 파악하고 판단할 수 있도록 말이야. 원하는 것과 원하지 않는 것을 알고, 하루 종일 혼자서 숲을 산책하고 싶을 때는 과감하게 다른 일을 포기할 수 있도록. 친구들과 바에 가서 수다를 떠는 대신 남편과 발코니에 앉아 보내는 시간을 선택할 수 있도록.

코앞으로 다가온 12월이 기다려져. 조금 이기적일지도 모르겠지만, 12월이 되어도 연락 줄이기는 계속 이어갈 것 같아. 12월에는 차를 마시고 소설을 이어서 쓸 거야. 남편과 요리도 하고, 저녁에는 아이들 침대 곁에 앉아 이야기를 나눌 거야. 밤에는 왠지 마음에 담아두었던 말들을 더 쉽게 꺼내게 되니까.

원래대로라면 온 가족이 크리스마스 분위기로 들떠 있을 시기지만, 이번에는 조용하고 평범하게 보내려고 해. 물론 시간이 지나면 주변 사람들과의 연락을 점차 늘려가야겠지. 하지만 너무 급하게 연락과 약속을 늘리고 싶지는 않아. 모든 것에는 때가 있고 지금은 연락보다는 다른 것에 신경 쓸 때야.

이만 줄일게.

베레나가

☆

November

✸

베레나에게

이번 달에 네가 사람들과의 만남을 줄이고 인터넷 세상으로 가는 창문도 잠시 닫아두었다니, 미션이 성공적이었던 것 같아 기뻐. 최첨단 디지털 기기를 만지작거리는 시간이나 계속해서 울리는 알림음에 신경 쓰는 시간을 줄이는 건 별것 아닌 일처럼 보여도 사실은 엄청난 일이야. 팬데믹에 관해 조사한 바에 따르면, 응답자 대부분이 처음으로 록다운을 경험했을 때 한편으로는 부담스럽고 힘들었지만 다른 한편으로는 더 큰 자유와 휴식을 누릴 수 있었다고 답했대. 팬데믹으로 인한 경제적 손실이나 보건 위기만 없다면 자가격리나 거리두기처럼 타인과 거리를 두고 혼자만의 시간을 보내는 것이 새로운 종류의 스트레스 해소법이 될 수 있다는 뜻이야.

SNS를 폐쇄하고서 오히려 자유롭고 마음이 가벼운 시간을 보냈다니, 어찌 보면 당연한 일이야. 록다운이 시행되기 전 연구 결과에 따르면 우리는 하루에 평균 88번 스마트폰을 들여다보고, 18분마다 한 번씩 새로운 소식이 없는지, 누가 내 글에 '좋아요'를 눌렀는지 살펴보거든. 건강하지 않은 습관이지. 텍사스 대학교의 심리학자 에이드리언 워드Adrian Ward는 스마트폰을 그냥 테이블 위에 올려두기만 해도 집중력이 떨어진다는 연구 결과를 발표했어. 디지털 세상이 그만큼 우리의 주의를 흐트러트린다는 거야. 미국의 신경과학자이자 심리학자인 다니엘 레비틴Daniel Levitin은 멀티태스킹이 스트레스를 늘리고 우리를 산만하게 만들며 결단력을 저하시킨다고 주장했지.

소셜 미디어 및 디지털 기기를 과도하게 이용하면 금방 지치고, 만성적인 집중력 저하에 시달리게 돼. 당연한 이야기지만, 계속해서 스마트폰을 들여다보고, 소셜 미디어 계정에 접속하는 건 정말 비이성적인 행동이야. 하지만 달콤한 유혹을 뿌리치긴 어렵지. 소셜 미디어 세상으로 들어갈 때마다 현실의 문제나 어려움을 잊을 수 있고, 곧장 긍정적인 피드백을 받을 수 있으니까('좋아요'나 이모티콘, 댓글 같은 것들 말이야).

네가 오랜 시간 SNS에서 멀어졌다가 다시 계정을 열었을 때 어떤 기분이었는지 묘사한 내용을 읽고 공감이 갔어. 직접 글이나 댓

글을 쓰는 등 적극적으로 SNS 활동에 참여하지 않으면 중독의 가능성은 그리 높지 않아. 몇 주 동안 SNS를 멀리하다가 다시 활발하게 활동을 개시하고 '좋아요'에 신경을 쓰기 시작한다고 하더라도, SNS를 대하는 태도는 조금 달라져 있을 거야.

아무튼 네가 큰 어려움 없이 소셜 미디어와 멀어질 수 있었다니 다행이야. 그리고 소수의 지인들과 더 심도 깊은 시간을 보냈다니 기쁘구나. 그런 시간이 앞으로 더 충만해질 거야. 네 안에 혼자만의 시간을 보내며 책을 읽고 글을 쓰는 또 다른 네가 있다는 사실도 새삼 언급하고 싶어. 아무런 방해도 받지 않고, 다른 것들에 주의를 빼앗기지도 않으며 혼자 있기를 즐긴다는 사실을 깨닫지 않으면 자기공감이나 자기연민이 불가능하거든.

12월에도 네가 혼자만의 순간을 즐길 수 있기를 바랄게.

안네가

더 가뿐하게, 더 단순하게 덜어내기

평소 너무 많다고 느끼던 것이 있는지 돌이켜봅시다. 물건이, 해야 할 일들이, 약속이, 그리고 소셜 미디어에서 보내는 시간 등이 너무 많지는 않나요? 이 모든 것들을 조금씩 줄이는 연습을 시작합시다. 한꺼번에 전부 줄일 필요는 없습니다. 쉬워 보이는 것부터 차근차근 시작하세요. 쓸모없는 물건을 버려 집을 정리하고, 약속을 줄이고, 소셜 미디어가 아닌 다른 일들을 하며 여가시간을 보냈을 때 스스로에게 어떤 변화가 일어나는지 느껴보세요. 어떤 것부터 줄여야 할지 잘 모르겠다면, 혹은 코로나19 팬데믹 기간 동안 이미 잡동사니를 다 정리했다면, 베레나처럼 디지털 디톡스를 시도해봐도 좋습니다. 페이스북이나 인스타그램, 메신저 앱처럼 평소에 지나치게 많이 사용하던 소셜 미디어가 있다면, 그리고 TV나 스트리밍 사이트를 너무 오래 보는 습관이 있다면 전자기기 사용 시간을 줄여보세요. 조사한 바에 따르면 독일인들은 아직도 하루에 평균 4시간을 TV 앞에서 보낸다고 합니다. 전자기기 사용 시간을 줄여서 습관을 바꾸는 데 성공한다면 여가 시간을 다른 활동에 할당할 수 있을 거예요. 그냥 편안하게 쉬거나 다른 취미 생활을 하거나 혹은 친구를 만날 수 있겠죠.

딱 하루만 스마트폰 끄고 살아보기

자녀가 있는 독자라면 이미 잘 알 겁니다. 아이들은 하루에 부모와 약속한 시간만큼만 스마트폰이나 컴퓨터를 사용해야 하지요. 어떨 때는 '미디어 프리 데이', 즉 전자기기나 영상 매체를 전혀 사용하지 않고 보내는 날도 있죠. 하지만 성인인 부모들은 미디어 프리 데이를 직접 시도하기가 어렵습니다. 아이들에게는 스마트폰을 쓰지 말라고 해놓고, 본인은 아이들 몰래 스마트폰을 쓰곤 할 거예요. 자기돌봄을 위해 하루 정도 스마트폰 없이 보내는 건 어떨까요? 스마트폰의 전원을 끄고 서랍에 넣어두세요. 당연한 이야기지만 일이 바쁘지 않고 중요한 연락이 오지 않을 시기를 골라 시도하는 게 좋습니다. 핑계는 찾지 마세요. 이런저런 핑계를 늘어놓다 보면 결국 평생 스마트폰 없는 하루를 보내지 못할 테니까요. 스마트폰 없이 24시간을 보낼 정도의 여유는 누구나 만들 수 있습니다.

스마트폰 없이 생활하는 동안 주변에서 일어나는 일들이나 취미 등 집중할 만한 것들을 찾아보세요. 처음 시작이 힘들지, 하루만 버티고 나면 그 다음부터는 규칙적으로 스마트폰 없는 날을 보낼 수 있어요. 가끔 미디어 프리 데이를 지나치게 힘들어하는 사람들이 있습니다. 만약 여러분이 스마트폰이나 TV, 스트리밍 없는 하루를 보내기가 괴로울 정도라 하더라도 스스로를 질책하진 마세요. 평소 습관을 하루아침에 바꾸기란 어려운 것이 당연하니까요. 대신 미디어 프리 데이가 왜 그렇게 힘들고 괴로웠는지를 찬찬히 생각해보기 바랍니다.

나에게 던지는 질문

- ☑ 이번 달의 주제는 '적을수록 더 좋다'입니다. 여러분의 삶에서 적을수록 더 좋은 것은 무엇인가요?
- ☑ 여러분의 삶에 꼭 있어야 하는 것과 없어도 되는 것은 각각 무엇인가요?
- ☑ 저녁에 스마트폰이나 TV, 컴퓨터, 스트리밍 사이트 등을 이용하지 않고 시간을 보낸 적이 있나요? 마지막으로 그렇게 한 적이 언제인가요? 어떤 기분이 들었나요?

일상의 군더더기를 덜어내는 방법

스크린타임 앱 활용하기

조금 모순적으로 들릴지도 모르겠습니다만, 스마트폰에 스크린타임 앱을 설치해 스마트폰 사용 시간을 줄일 수 있습니다. 스크린타임 앱은 어떤 앱을 얼마나 사용했는지, 스마트폰 총 사용 시간이 어느 정도인지를 추적하는 앱이죠. 스크린타임 앱을 설치하고서 며칠 동안 평소와 마찬가지로 스마트폰을 사용한 다음, 자신이 가장 오래 사용하는 앱과 스마트폰을 가장 오래 보는 시간대를 파악하고 습관을 고칠 수 있습니다.

물건 줄이기

미디어뿐만 아니라 물건을 줄이는 것도 중요합니다. '적을수록 더 좋다'라는 주제에 맞게 전반적인 미니멀 라이프를 추구하는 것이죠. 이때 쓸모없는 물건을 버려서 물건의 수를 줄이는 것만이 아니라 남겨둔 물건들을 더 잘 가꾸고 더 자주 사용하는 것이 중요합니다. 이와 관련해서는 곤도 마리에의 『정리의 힘』이라는 책을 추천합니다.

업무 줄이기

이미 지난 4월에 '마음을 다해 휴식하기'를 연습하면서 중요한 일과 그렇지 않은 일을 구분해 더 의식적으로 시간 관리를 한 바가 있지요. 다시금 여러분의 일상을 돌아보면 중요하지 않은 일, 약속, 의무 등이 생겼을 겁니다. 이런 것들 때문에 우선하고 싶은 일을 하기가 어렵죠. 내던져버리고 싶은 일도 결국 하기는 해야 하니까요. 줄이거나 다른 사람에게 위임할 수 있는 일이 없는지 다시 한번 살펴보세요.

#Monthly Challenge

December

12월

타인에게, 자신에게 고맙다고 속삭이는 순간

하루 한 번 나눔과 감사하기

▷▷▷▷▷

우리의 여정이 끝나는 이번 달에는 넉넉한 정을 베푸는 연습을 할 거야. 길거리 노숙자들에게 조금이나마 돈을 쥐어 준다거나, 특정 기관에 돈을 기부해도 좋아. 마음속으로는 '솔직히 나 먹고살기도 힘든데……'라는 생각이 들지도 모르겠지만, 이번 한 달 동안 도움이 필요한 사람들에게 베풀도록 노력해봐. 기분이 좋아지지 않아도, 조금 부담스럽다는 생각이 들더라도 시도해보는 거야.

주의할 점이 있어. 남을 위해 돈을 쓰는 것만이 베풂이 아니야. 남을 돕고 싶다고 느끼고 직접 행동에 나서는 것, 그리고 그 행동으로 인해 타인과 유대가 생기는 것이 중요해. 그래야 모든 것이 자기돌봄으로 귀결되거든. 이번 달에는 미션이 하나 더 있어. 매일 저녁에 고마운 것 세 가지를 적어봐. 그런 다음 어떤 감정이 느껴지고 어떤 변화가 일어나는지를 살펴보도록 해.

December

안네에게

가끔 한쪽 어깨에는 천사가, 다른 쪽 어깨에는 악마가 앉아서 나를 조종하려고 서로 싸우는 듯한 기분이 들어. 둘이 주먹다짐을 할 듯이 다투다가도 갑자기 둘도 없는 친구가 되어 술이라도 한잔 마시러 가자며 화해하기도 하지. 네가 내준 이번 달 미션을 읽을 때는 천사와 악마가 둘 다 잔뜩 흥분해서는 난리였어.

천사는 여기 보라는 듯이 기타를 주워 들고 '고요한 밤 거룩한 밤'을 연주하면서 내 귀에 대고 속삭였어.

"정말 좋은 아이디어야! 네가 얼마나 잘살고 있는지 봐. 네 삶이 얼마나 풍족한지 보라고. 넌 너를 사랑하는 사람들에 둘러싸여 좋아하는 일로 돈을 벌고, 네가 살기로 선택한 도시에서, 난방이 잘되고 편안한 집에 살고 있어. 운이 좋게도 부유한 선진국에서 태어나 모든 것이 제대로 돌아가는 사회에서 살았지. 하지만 이렇게 부유하고 풍요로운 사회의 이면에는 저소득 가정의 아이들, 노숙자들, 각종 중독증에 걸린 사람들, 비참한 생활을 하는 사람들이 존재해. 아마 네 주변에도 따뜻한 말이나 기운을 북돋는 이모티콘이 포함된 메시지보다는 실질적인 도움의 손길을 필요로 하는 사람들이 있을 거야. 돈이든 시간이든 공감이든 다른 사람들에게 베푸는 게 어때?"

천사의 속삭임은 계속 이어졌지만, 동시에 반대쪽 어깨에서 악마가 시끄러운 펑크록 음악을 틀고는 겅중겅중 뛰며 소리를 질러대서 천사의 목소리가 잘 들리지 않았어. 악마는 내 귀에 대고 외쳤지.

"이봐, 베풀며 살라니, 그게 정확히 무슨 뜻인지는 알아? 우린 한적한 소도시가 아니라 인구가 180만 명이 넘는 대도시에 살고 있다고! 집에서 슈퍼마켓까지 가는 짧은 순간에도 동식물 보호나 기후변화 위기 개선, 아프리카 의료 지원 등의 기부자를 찾는 단체를 네댓 개는 지나칠 거야. 이 단체의 말을 들으면 여길 돕고 싶고, 저 단체의 말을 들으면 또 거길 돕고 싶어지잖아? 슈퍼마켓에 갔다가 돌아오는 길에는 노숙자를 다섯 명 정도 마주칠 거고, 지하철을 타면 노숙자를 열 명은 더 볼 거야. 그때마다 기부를 하겠다고? 밑 빠진 독에 물 붓기야! 그냥 매달 구호단체에 기부하는 걸로 충분하지 않겠어? 넌 그냥 개인일 뿐인데 이 세상의 안녕을 위해 뭘 더 할 수 있겠어?"

"악마야, 내 말 좀 들어봐."

"천사 너는 어차피 헛소리나 할 거잖아."

천사와 악마, 그리고 나, 우리 셋은 기가 턱 막혀 입을 다물었어. 아무도 우리가(사실은 내가 혼자) 이러고 있는 꼴을 보지 못해 다행이야. 어쨌든 천사와 악마 둘 다 옳다고 생각해.

선행이라는 지뢰밭과
행동으로서의 선행 훈련

선행이라는 개념은 피상적으로는 무해하고 박애주의적이며 연말과 잘 어울려. 하지만 그 저변에는 지뢰밭, 특히 여성들에게 치명적인 지뢰밭이 깔려 있지. 우리가 어렸을 때만 하더라도 여자아이들은 항상 남을 도와야 하고 친절해야 하며 말괄량이처럼 굴어서는 안 되고 자기주장을 강하게 해도 안 된다고 배웠어. 1980년대 후반에야 이에 반박하는 사람이 많아졌지. 나쁜 여자는 침대만이 아니라 어디든 갈 수 있다! 착한 여자 증후군은 이제 그만! 우리에겐 거절할 권리가 있다! 더 이상 상사에게, 자녀에게, 남자들에게 착취당하지 말자!

사람들의 인식도 성장했어. 여성에게만 강요된 희생을 깨닫고 너그러움에서 공동체의 행복이 생겨난다는 걸 다들 알게 됐지. 모든 사람들이 힘을 모아야만 결속이 강해지고 오래갈 수 있으니까. 함께 힘을 모으려면 받기만 해서는 안 돼. 지금까지는 여성이 베푸는 역할, 남성이 받는 역할을 도맡았지만 이제는 남녀 모두 자기를 지키는 동시에 타인에게 베푸는 법을 터득해야 하는 거야.

뿌린 대로 거둔다는 말이 있지. 작가 수잔네 키펜베르거Susanne Kippenberger는 자신의 저서를 통해 너그러운 베풂 또한 근육처럼 훈련을 통해 키울 수 있는 능력이라고 말했어. 감정이든 시간이든 물질이든, 어떤 것이든 남에게 주는 법을 연습하면 그만큼 긍정적인 반작용을 얻을 수 있대. 요가나 근력 운동을 할 때는 근육의 이완과 수축을 반복하잖아? 그것처럼 선행과 베풂을 반복하는 것도 영혼을 단련하는 데 도움이 된다는 거야. 그런 측면에서 베풂과 감사하는 마음은 하나라고 생각해. 우리는 그 사이에서 균형을 잡는 연습만 하면 되는 거지.

선행의 첫 단계는 선물하기 아닐까? 크리스마스가 가까워졌으니 마침 주변인들에게 선물하기도 좋은 시기이고.

첫 번째 기회가 곧 찾아왔어. 이번 달 미션을 시작하기로 마음먹은 다음 날, 아주 얇은 유니폼만 걸치고서 무거운 짐을 끌고 있는 여성 집배원과 집 앞에서 마주친 거야. 나는 이웃에게 보낼 우편물을 대신 부쳐달라고 부탁하면서 10유로를 쥐어줬어. 내 일을 부탁한 거니까.

그 여자는 기꺼이 내 부탁을 받아들였고, 나 또한 기분이 좋아졌지. 하지만 그것도 잠시, 좋았던 기분은 금방 사라져버렸어. 오히려 그 일을 다시 떠올릴수록 부끄러워졌지 뭐야. 중산층인 나는 경제 체계의 다양한 이점을 누리고 있는데, 그 사람은 다음 단계로 나아갈 기회조차 얻지 못하고 있었으니까.

내가 그 사람에게 돈을 준 건 알량한 적선이 아니었어. 주는 사람과 받는 사람이 적어도 그 순간만큼은 같은 선상에 있었으니, 당당한 거래였던 셈이지. 식당의 웨이터나 택시 기사들이 열심히 일한 대가로 손님들에게 팁을 받는 것처럼, 열심히 일하는 집배원 또한 그 노력을 인정받고 팁을 받을 자격이 있어. 난 평소에 노숙자들이 판매하는 잡지를 살 때도 일부러 다섯 권씩 사거나, 2~3유로를 더 내곤 해. 그건 정당한 물물교환이라고 생각하거든. 그런데 구걸하고 있는 노숙자들의 앞에 놓인 깡통에 1~2유로 동전을 넣을 때는 선행이라는 행동을 돈 주고 사는 듯한 기분이 들어. 얼마 되지도 않는 돈을 적선하고서, '이제 내 할 일은 다 했다'라고 생각하고 다른 선행의 기회를 무시하는 거지. 돈을 받는 사람에게나 주는 사람에게나 좋지 않은 일이야. 명상으로도 가라앉히기 힘든 묘한 긴장이 계속 남아 나를 괴롭히거든.

앞으로는 어려운 상황에 처한 사람들을 무시하지 않고 똑바로 바라보기로 결심했어. 단순한 적선이 아닌 제대로 된 선행을 실천하고 싶었거든. 마침 근처 음식점 주인이 노숙자들에게 중고 물품을 기부한다기에 친구들에게 침낭과 겨울옷, 신발 등을 모으자고 이야기했어(아쉽게도 큰 성과는 없었지만). 그리고 셋째를 임신한 상태로 아이 둘을 키우던 중 남편을 잃은 한 어머니를 위한 크라우드 펀딩에도 참여했지. 정말 안타까운 사연이야. 많은 사람들이 도와준다면 펀딩 기금으로 장례식 비용 등을 추가로 지원할 수도 있을 텐데.

그런데도 뭔가 부족하다는 기분은 사라지지 않았어. 선행은 아무리 해도 충분하지 않아. 어려운 사람들, 도움이 필요한 사람들에게 신경 쓰면 쓸수록 더 많은 위기 상황이 눈에 띄거든.

물론 '다정함이 순환'되는 아름다운 순간을 경험하기도 했어. 내가 준 작은 선물을 받고 기뻐하는 상대방의 모습이 나에게도 기쁨이 됐으니까. 한번은 페이스북의 우리 동네 그룹에 아이들이 어렸을 때 쓰던 썰매와 사용하지 않는 높은 의자, 그리고 인형의 집 같은 장난감이 필요한 사람이 있는지 찾는 글을 올렸어. 중고 장터에 팔면 몇 유로 정도는 받을 수도 있었겠지. 그렇지만 무료로 나눠주면 받는 사람이 기뻐할 테고, 그 모습을 보는 게 훨씬 좋은 일이라는 생각이 들었어. 의자는 나이 든 여성이 와서 난민 가족에게 주겠다며 가져갔고, 썰매는 이웃집 아이가 아주 기뻐하며 가져갔단다. 인형의 집은 근처 보육원 선생님이 와서 가져갔지. 내가 어렸을 때 선물로 받아 나중에는 우리 아이들이 가지고 놀던 인형의 집이야. 소중히 여기던 물건을 보관할 곳이 없어 처분해야 할 때, 그것을 나만큼 소중하게 다뤄줄 사람의 손에 넘겨줄 수 있다는 건 참 기쁜 일이지 않니? 마지막에는 어느 집의 창고에서 여생을 보내게 되더라도, 그 인형의 집은 스스로 빛날 거라고 생각해.

시간과 정성을 들여 고마움을 표현하기

남들에게 일단 뭔가를 주기 시작하자 더 나누고 싶다는 마음이 들었어. 벌써 다 커버린 딸도 내가 노점에서 사 온 크리스마스 쿠키를 보고 신이 났고, 잠자리에 들기 전에 아들의 목을 주물러주자 아들도 좋아했어. 남편은 내가 선물로 사준 책을 보고 아주 즐거워했단다. 크리스마스를 위한 음식을 준비하려고 장을 보러 갔을 때 발견한 책인데, 크리스마스까지 숨겨두지 않고 곧장 남편에게 줬어. '당신의 말에 귀 기울이고 있고, 당신이 하는 일에 관심이 있다'는 걸 보여주려고.

그리고 예쁜 크리스마스카드를 열 장 준비했지. 크리스마스카드라니, 몇 년 만에 쓰는 건지! 다만 올해의 카드는 가족이나 친구들이 아니라 올 한 해 동안 감사했던 사람들을 위한 거야. 예를 들어 여름휴가 별장을 빌려준 임대인이라든가, 프로젝트에 나를 포함시켜서 일거리를 준 사람, 여러 조언과 유용한 연락처를 알려줘서 도움을 준 사람, 갑자기 전화해서 "오늘 저녁에 만나자."라고 말하며 내가 즐거운 여가 시간을 보내도록 도와준 사람 등등.

난 완벽한 친구도, 완벽한 엄마도, 완벽한 아내도 아냐. 하지만 자신 있게 말할 수 있는 게 있어. 내가 배포가 크고 계산적이지 않은 사람이라는 거야. 그런 점은 참 다행이라고 생각해. 그리고 감사해. 저절로 만들어진 성격은 아니거든. 우리 엄마는 내가 아는 사람들 중에 가장 베풀기를 좋아하는 사람이야. 내가 엄마의 그런 면을 조금 닮았나 봐. 핏줄 어디 안 간다고, 내 자식들도 나의 그런 모습을 닮았고. 매년 가족과 친구들의 크리스마스 선물을 사느라 용돈을 다 써버리거든. 베풀기 좋아하는 건 돈 관리에 유리한 성격은 아니지. 남에게 베푼다고 내가 부자가 되는 것도 아니고. 하지만 돈 관리법은 나중에 배울 수 있어도 너그러움은 그럴 수 없어.

남을 돕거나, 돈을 조금 더 내거나, 감정을 나누는 데 쩨쩨한 사람들은 모든 측면에서 그렇게 행동하기 쉬워. 그건 결국 스스로의 영혼을 가두는 짓이나 다름없는데 말이야. 남에게 베푸는 것이 결국 스스로에게도 선물이 된다는 사실을 모르고 산다니 너무 안타깝잖니.

감사함을 표현하기 위한 또 다른 미션, 감사 일기 쓰기는 아주 쉬웠어. 우리는 매일 당연하지 않은 행복을 누리며 살아. 아들이 기운이 없어 부랴부랴 병원에 갔는데, 끔찍한 바이러스에 감염된 게 아니라 그저 감기일 때의 안도감도 행복이지. 며칠 동안 하늘을 뒤덮고 있던 회색 구름이 걷히고 해가 보이기 시작하는 것도 행복이고. 친구가 가져온 차와 직접 구운 쿠키를 함께 먹는 것도, 스트레스 받는 날 남편이 내가 좋아하는 음악을 틀어주는 것도 행복이야. 난 의기소침해지거나, 스트레스가 쌓이거나, 조금 우울할 때도 이런 사소하고 일상적이지만 당연하지는 않은 일들에 감사하는 마음을 품고 있었어. 그걸 매일 저녁 일기장에 쓰지 않았을 뿐이지.

마지막으로, 너에게도 진심 어린 감사의 말을 전하고 싶어. 이번 달의 미션 때문도 아니고, 크리스마스가 다가왔기 때문도 아니야. 지난 1년 동안 네가 곁에서 나와 함께해줬고, 나에게 특별한 미션과 연습 방법을 알려줬고, 여러 조언을 해주며 내 손을 잡아 이끌어주었기 때문이야. 너 또한 나와 함께 미션을 해결해나간다는 기분을 느꼈길 바랄게.

이제 곧 우리의 마음을 되돌아볼 때야. 나의 여정과, 그동안의 변화를 보고 네가 무슨 말을 할지 기대돼. 나도 올 한 해 동안 얼마나 성장했는지 총체적으로 돌이켜보려고 해. 우리 곧 만날까? 커피든 차든 와인이든, 내가 살게. 그 정도는 해야지.

베레나가

✡

December

✸

베레나에게

미국의 심리학자인 마틴 셀리그만이 쓴 『플로리시』라는 책에 이런 에피소드가 나와. 셀리그만의 친구 이야기인데, 그 친구의 어머니는 아들이 언짢거나 우울해할 때 항상 이렇게 말했대.

"기분이 안 좋아 보이는구나. 밖에 나가서 남을 도와주는 게 어떠니?"

남을 돕는 것이 결국 스스로에게도 좋은 일이고, 자신을 단단하게 만드는 일이라는 생각은 나중에 셀리그만이 주장한 긍정심리학의 근본 개념이 되지. 셀리그만은 또한 실험을 통해 지속적으로 남을 돕는 행동이 괴로운 상황에서 벗어나 안정을 찾는 데 큰 도움이 된다는 점을 증명했어. 남에게 뭔가를 주면, 그 순간 그 사람과 내가 연결되는 거야. 신경심리학자들이 밝혀낸 바에 따르면 남에게 뭔가를 주는 순간 뇌에 있는 보상 중추가 활성화된다고 해. 즉 받는 게 아니라 주는 것만으로도 우리는 사회 공동체의 일원으로서 의미 있는 일을 했다는 기쁨을 느낄 수 있다는 뜻이야.

타인과 내가 공명하고 있다는 확신은 선행에 아주 중요한 요소야. 그 어떤 사람도 외딴 섬처럼 홀로 떨어져 살 순 없거든. 그리고 남에게 베풀면 정신적 만족감이 충족된다는 연구 결과도 있어. 브리티시컬럼비아 대학교의 사회심리학자인 엘리자베스 던Elizabeth Dunn은 실험 참가자들에게 일정한 금액의 돈을 준 다음 하루 동안 그 돈으로 남을 위해 좋은 일을 하도록 하고, 비교군 참가자들에게는 그 돈을 그냥 가지라고 했어. 하루가 지난 다음 설문조사를 하자, 남을 위해 좋은 일을 하는 데 돈을 쓴 참가자들이 그렇지 않은 참가자들에 비해 하루를 더 알차고 만족스럽게 보냈다는 답변을 했대. 나는 이게 선행이란 무엇인지 아주 명확하게 보여주는 연구 결과라고 생각해.

한편으로는 선행에 위험한 측면이 있다는 네 주장에도 동의해. 지난 수백 년 동안 여성들은 타인을 위해 자신을 희생해야 한다는 말을 들으며 자랐어. 하지만 이제 우리 여자들은 그런 속박에서 벗어나려고 하지. 성역할이나 기타 억압에 의해 강요되지만 않는다면, 베풂, 친절함, 호의 등은 모두에게 이득이 돼. 남에게 좋은 일을 하면 그것이 결국 자기돌봄으로 귀결되니까.

이번 달 네 편지를 읽고 마음이 무척 따뜻해졌어. 남에게 베푸는 것이 내가 선물을 받는 것만큼 즐거운 일이라는 점을 너를 통해 한 번 더 확인했으니까.

선행으로 얻을 수 있는 효과가 하나 더 있어. 베풀면 베풀수록 자기효능감이 강해진다는 거야. 자기효능감이란 스스로가 어떤 일을 성공적으로 해낼 수 있다는 믿음이야. 뿐만 아니라 기부하고, 베풀고, 남을 돕고, 기운을 북돋으면 나 또한 어려운 상황에 처했을 때 타인에게 기댈 수 있겠다는 생각이 들기도 해. 결국 선행이란 상황을 더 낫게 만들고 변화시킬 선택지를 우리 손에 쥐고 있다는 걸 상기시켜주는 행동이니까 말이야. 다만 너무 부담스럽게 여기지는 않길 바랄게. 원하지 않는데 남을 도와야 하는 건 아니니까.

이번 달의 미션이 너에게는 잘 맞았던 것 같아서 기뻐. 너는 원래부터 베풀기를 좋아하는 사람인데 이번 달에는 한층 더 아량이 넓은 사람이 됐구나!

크리스마스 잘 보내고, 곧 만나자.

안네가

일상 속에서 베풀기

선행이란 사실 다루기 어려운 주제입니다. 모든 사람이 너그럽고 관대한 것도 아니고, 나누거나 베풀기를 좋아하는 것도 아니니까요. 어린 시절에 불우한 이웃을 도와야 한다는 말을 지나치게 많이 듣고 자란 사람들 중에는 그런 요구에 부담과 반발을 느끼는 이들도 있습니다. 평소에 자기돌봄을 열심히 해온 사람이라면 '또 다시' 타인을 돌봐야 한다는 것을 모순처럼 느낄지도 모르겠네요. 그러니 이번 달에는 남에게 베푸는 것이 과연 현재의 자신에게 잘 맞는지, 아니라면 어떤 방법으로 스스로를 돌볼 수 있을지 생각해보세요.

다만 어떤 경우든 자기돌봄이란 스스로를 타인과 완벽하게 분리하는 것이 아니라 서로 연대하고, 결속하고, 그 연대과 결속을 더 깊게 만드는 행동이라는 점을 기억하세요. 우리는 별다른 노력 없이도 세상과, 그리고 타인과 공명할 수 있습니다. 우선 감사함을 표현하는 연습을 하면 되죠.

가장 쉬운 방법은 앞서 소개한 감사 일기를 쓰는 것입니다. 매일 저녁 하루 동안 기뻤던 일 세 가지나 나를 도와준 사람, 나에게 영감을 준 사람 등 고마웠던 사람 세 명을 떠올리고 적어보세요. 하루 동안 감사했던 일을 꼽는 것만으로도 긍정적인 효과가 있다는 사실은 이미 20년 전 캘리포니아 대학교의 심리학자인 로버트 에몬스Robert Emmons의 실험 결과 증명됐습니다. 또 매일 감사 일기를 쓰면 크게 노력하지 않아도 다른 사람들과 더 끈끈하게 연결된 기분을 느낄 수 있습니다.

마주치는 모든 이에게 친절해질 것!

선행이 꼭 기부이거나 선물일 필요는 없습니다. 일상 속에서 만나는 모든 사람들에게 조금 더 친근하게 다가가고, 그들에게 도움의 손길을 내미는 것만으로도 충분해요. 예를 들어 뒤따라오는 사람을 위해 문을 잡아준다거나, 계산대에서 뒤에 선 사람에게 자리를 양보한다거나, 잔돈이 없어 곤란한 사람에게 돈을 빌려준다거나, 무거워 보이는 짐을 들어주고 유모차를 대신 밀어준다거나, 사람들에게 도움이 필요한지 물어보는 것도 친절해지는 연습이에요. 일주일에 사흘 정도는 하루에 세 번 이상 작은 친절을 베풀고, 그때의 감정을 의식적으로 느껴보세요. 여러분이 뭔가를 베풀었을 때 겉으로 드러나는 결과, 예를 들어 상대방의 기뻐하는 표정이나 감사의 말뿐이 아니라 내적으로 발생하는 결과, 즉 느낌이나 감정적 교류에 주목하세요. 친절해졌을 때 스스로가 더 단단해진 것처럼 느껴지고 기분이 좋아진다면 앞으로도 계속 연습을 이어가면 됩니다.

나에게 던지는 질문

- ☑ 여태까지 살면서 감사하다고 느낀 일이 있다면 무엇인가요?
- ☑ 여러분이 타인에게 베풀 수 있는 것은 무엇인가요? 남을 도와줄 수 있는 장소는 어디인가요? 기꺼이 남을 돕고 싶은가요? 우선 쉽게 남을 도울 수 있는 방법부터 찾아봅시다.
- ☑ 여러분이 마지막으로 남에게 도움이 된 적은 언제인가요? 그때 어떤 기분이 들었나요?

다양한 형태의 선행 실천하기

눈감아주기

직장 동료와 의견 충돌이 있거나 배우자의 의견에 반박하고 싶거나 구매한 물건이 마음에 안 들어 컴플레인을 걸고 싶을 때, 눈감아주고 넘어가보는 건 어떨까요? 다른 일로 주의를 돌리거나 흥분을 가라앉히려고 노력해 보세요. 적당히 넘어가는 것도 일종의 선행이랍니다.

행복 빌어주기

친구가 집을 사거나, 동료가 좋은 성과를 올리거나, 새로 이사 온 이웃이 활기차고 즐거워 보인다면 질투하기보다 그저 그들의 행복을 빌어주세요. 다른 사람이 행복한 건 그들이 내 행복을 빼앗았기 때문이 아닙니다. 그리고 남의 행복을 축복할수록 나에게 돌아오는 게 더 많아진다는 걸 기억하세요.

연대를 통해 더 넓게 베풀기

기꺼이 베풀고 남을 돕고자 하지만 시간이 없어 생각만 하고 사는 사람들이 많습니다. 그래서 마음이 불편하다는 사람도 적지 않죠. 하지만 기후변화 위기 극복이나 난민 지원 등을 위해 생업을 포기할 필요까지는 없다고 인정하는 편이 좋아요. 자신이 할 수 있는 선에서 도움을 주고 타인과 연대할 방법을 찾아보세요. 정기 후원이나 봉사 활동 모임 가입 등은 얼마든지 일상과 병행할 수 있는 일들입니다. 이와 관련된 단체나 웹 사이트가 많으니 도움을 받아보세요.

에필로그

그렇게 나는 나를 찾았다

1 year later

안네에게

너에게 이 편지를 쓰고 있는 지금은 봄이야. 창밖에서는 언 땅을 뚫고 머리를 내민 크로커스가 내 시선을 붙잡으며 지금이 봄이라는 사실을 온 세상에 알려주고 있어. 매일매일 조금씩 낮이 길어지는 중이야.

우리가 1년 동안 함께 달린 여정이 끝난 지도 3개월이 지났네. 벌써 3월이라니. 지난 1년 동안 너의 노련한 안내 덕분에 긴 여정을 무사히 마칠 수 있었어. 나에겐 무엇이 남았을까? 나는 진정한 나를 찾은 걸까? 목적지에 도달했으니 이젠 더 이상 앞으로 나아가지 못하는 걸까?

나에게 어떤 변화가 일어났는지 네가 물었지. 나는 내 삶에서 무엇을 찾았을까? 대답하기 어려운 질문이야. 지난 5월에 이야기했던 꿈 내용을 기억해? 친구가 여행을 떠나자고 제안했을 때 내가 별 쓸모도 없어 보이는 렌트카를 굳이 빌려야겠다고 고집을 부렸던 꿈 말이야. 나중에 알고 보니 그 친구는 나의 일부분이었지. 지금은 내가 딱 알맞은 차에 타고 있다는 기분이 들어. 온 신경을 집중하지 않고 편안하게 운전하는 법도 배웠고.

운전을 처음 배우면 도대체 저 많은 일들을 어떻게 동시에 하나, 겁이 덜컥 나게 마련이야. 핸들도 돌려야 하고, 깜박이도 켜고 꺼야 하고, 기어도 바꿔야 하고, 도로 상황에도 신경 써야 하고, 사이드미러와 백미러도 확인해야 하고, 비상등도 켜야 하고……. 그런데 시간이 지나면 옆에 앉은 사람과 백신 기술에 관해 토론하면서, 젤리를 먹으면서, 혹은 라디오에서 나오는 노래를 따라 부르면서도 운전할 수 있게 돼.

사실 지난해의 여정을 처음 시작했을 때는 조금 두려웠어.

"매달 새로운 미션을 수행하고, 그걸 쭉 이어가야 하다니. 그럼 12월이 되면 아침마다 명상을 하고, 그 다음에 마음을 다해 집중해서 일하고, 중간에 자기돌봄을 신경 쓰면서 먹고, 밤에는 의식적으로 꿈을 꿔야 하잖아? 할 일이 너무 많아질 텐데?"

실상은 그 반대였어. 내가 배운 것들을 일상에 적용하고 습관으로 만들기는 생각보다 쉬웠거든. 일을 하다가 잠시 자리에서 일어나 짧은 휴식을 취하고 스스로에게 내가 지금 하는 일이 무엇인지,

그리고 그것이 도달하고자 하는 목표를 위해 근본적으로 필요한 일인지 묻기도 했어. 나를 열 받게 하는 사람의 행운을 빌어주거나 힘든 날에도 감사함을 잊지 않거나, 장을 보러 갔을 때 가족들이 먹을 것만 사지 않고 채소, 과일 코너에서 갖가지 색상의 식재료를 사기도 했고.

예전의 나는 목표 지향적으로 앞만 보고 나아가는 운전자였어. 오른쪽이나 왼쪽이 어딘지 신경도 쓰지 않고, 휘발유가 부족하다는 경고등이 들어와도 무시해버린 채 오로지 전방만 주시하는 그런 운전자. 어쩌면 자동차의 연료계마저 이미 고장 난 상태였는지도 몰라. 하지만 지금의 나는 연료계의 경고등이 들어오면 주변을 둘러보고 주유소를 찾는 운전자야. 그 주유소란 내 상상력을 채워주는 친구이기도 하고, 미술관에서 보내는 오후 시간이기도 해. 또한 이른 아침에 혼자 걷는 숲속이기도 하고, 홀로 즐기는 영화와 책이기도, 2~3일 정도의 스마트폰 디톡스이기도 하지.

일부러 시간을 내서 자기돌봄을 할 필요도, 매일같이 자기돌봄을 연습할 필요도 없어. 압박을 버리고 불필요한 모든 것을 줄여가는 게 우선이야. 짊어지고 있던 짐을 벗어던지고, 숨을 내쉬고, 자비로운 신처럼 주변을 둘러본 다음 자기 자신에게 베푸는 친절함을 타인에게도 베풀어야 해.

이제는 길을 잃지 않고 나아갈 수 있겠다는 자신감이 생겼어. 드디어 인생이라는 자동차를 안전하게 운전하는 방법을 배웠거든. 그 자동차는 춥든, 길이 얼어 미끄럽든, 어둡거나 안개가 잔뜩 끼든 상관없이 나를 지켜줄 거야. 물론 앞으로 나아가는 길이 순탄하지만은 않을 테지. 하지만 이제 삶의 균형을 잡는 법을 새롭게 배웠으니, 앞으로 험난한 길을 가고 있는 사람들을 도와줄 순 있을 거야. 자기돌봄은 생크림 케이크 위에 올라간 체리 장식처럼 부가적인 것이 아니라 타인에게도 전해지는 다정한 마음이니까.

나에게 진정한 자기돌봄이 무엇인지 알려줘서 고마워. 이 책의 독자들, 저마다 다른 고민과 다른 행복을 품고, 다른 삶을 사는 모든 사람들이 자신만의 행로를 찾았으면 좋겠어.

베레나가

1 year later

베레나에게

네 편지가 얼마나 기다려졌는지 몰라. 1년 동안 자기돌봄을 하며 보낸 시간을 돌이켜보며 네가 어떤 말을 할지, 그리고 새로운 경험에서 무엇을 터득했을지 궁금했거든.

편지를 읽다가 한 문장이 눈에 쏙 들어와 박혔어. 자기 자신에게 베푸는 친절함을 타인에게도 베풀어야 한다는 문장 말이야. 너의 이 말은 바로 자기돌봄의 핵심이야. 조금 다르게 표현하자면, '모든 것은 다시 나에게 돌아온다'고 할 수 있지. 자기돌봄을 위해 혁신적인 변화를 일으킬 필요는 없어. 평소의 나의 태도를 조금 더 타인에게 친절한 쪽으로 바꾸는 것만으로도 충분하니까.

규칙적인 명상과 의식적인 자기돌봄 없이도 평소 스스로에게 "나는 지금 어떻지?"라거나 "지금 나에게 이로운 건 뭘까?"라고 물을 수 있을까? 수많은 마음챙김 전문가들이 이 주제에 관해 고민했어. 어떤 사람들은 내면의 나와 하나가 되고 스스로에게 집중하려면 매일 아침 5분 정도 명상을 하는 게 좋다고 말해. 하지만 나는 반드시 그래야 하는 건 아닌 듯해. 굳이 명상을 하지 않아도 자기 자신과 하나가 된 기분을 느낄 수 있다면 그걸로 충분하다고 봐.

우리가 미션을 진행한 지난 1년 동안 나는 두 가지 행동을 마치 의식처럼 반복했어. 하나는 분노나 행복, 슬픔 같은 감정을 인정하고 받아들이되 중요하게 생각하지는 않는 거야. 그리고 매일 하루에 30분은 꼭 산책을 하는 거지. 산책은 복잡한 마음을 가라앉히는 데 특효약이야. 물론 내 개인적인 생각이지만. 자기돌봄을 위해 모든 사람이 반드시 해야만 하는 건 없어. 내키지 않으면 하지 않아도 돼.

너에게 자기돌봄 미션을 제시하고 그 여정을 한걸음씩 함께 걸어온 심리학자로서 지난 1년을 돌이켜보니, 내 시각은 너와는 조금 달랐던 것 같아. 나는 무엇보다도 모든 자기돌봄 실험과 연습의 결과를 생각했어. 그런데 내가 제안한 열두 가지 방법 중 너에게 잘 맞는 것과 안 맞는 것이 무엇일지를 예측할 수는 없었지. 우리가 그렇게 오랫동안 친구였는데도 말이야. 여러 연구 결과에 따르면 명상이나 자연 체험, 베풂 등은 더 참을성 있고 자기 자신과 더 가까워지는 사람이 되도록 만들지만, 모두가 그 효과를 누리는 건 아니래. 너 또한 연구 결과와는 다른 감정을 느낀 적이 있었지. 아마 이 책의 독자들도 마찬가지일 거야.

예를 들어볼까? 난 네가 '덜 화내기'라는 주제와 관련해 다양한 연습 방법을 시도할 줄 알았어. 분노나 다른 고조되는 감정을 침착하게 관찰하고 받아들이되 과대평가해서는 안 된다는 미션이었는데, 기억나? '네 감정은 네가 아냐'라는 말은 너는 물론이고 이 책을 읽는 모두를 위한 조언이었어. 하지만 너는 이 과제를 통해 많은 것을 얻지는 못했지. 반대로 5월 과제였던 '꿈 일기 쓰기'는 과연 효력이 있을지 나부터가 의심하던 과제였는데, 네가 멋지게 이루어냈잖니. 꿈 분석에 대한 네 편지를 보니 네가 너 자신을 얼마나 신뢰하는지 고스란히 느껴져 감동스럽기까지 했단다. 마지막 편지에서 위태롭게 자동차를 운전하는 네 모습을 다시 한번 묘사한 것도 너다웠다고 생각해.

아주 오래전부터 자기돌봄에 관심을 가졌던 심리학자로서 말하자면, 이 책에 담긴 모든 연습 방법과 조언, 아이디어는 사람들에게 긍정적인 영향을 미칠 수 있지만 반드시 효과가 좋으리라고 장담할 수는 없어. 그렇기 때문에 몇 가지를 직접 해보고 자신에게 잘 맞는 방법을 찾는 게 무엇보다 중요해. 새로운 시도를 통해 작은 변화나마 몸소 느낄 수 있다면 아주 결정적인 한걸음을 내디딘 셈이지.

예전에 마음챙김 전문가이자 작가인 하이케 마이어Heike Mayer와 인터뷰한 적이 있어. 그는 스스로의 마음을 챙기고자 하는 태도만 유지할 수 있다면, 마음챙김이란 의외로 간단하다 하더라고. 갑자기 머릿속에서 전구가 켜지는 기분이었어. 자기돌봄도 똑같아. 계속해서 배우고, 태도와 생각과 습관을 고치고자 마음먹는다면 얼마든지 달라질 수 있어. 자동차 운전이나 발레 같은 운동과 마찬가지야. 누구든 할 수 있는 일이고, 계속해서 연습하면 언젠가 올바른 방향으로 가거나 올바른 자세를 잡을 수 있거든. 내가 얼마나 움직였는지를 정확히 알고 다음 동작을 취할 수도 있어. 그러니 항상 자기돌봄을 생각하면서 일상의 작은 챌린지에 도전하려는 자세가 필요해.

이 책과 함께하는 여정은 여기서 끝이 아닐지도 몰라. 어떤 사람은 그 다음 해에도 또 다시 1년간의 실험을 이어가겠지. 더욱 현실적인 방법은 이 책을 늘 손에 잡히는 곳에 두었다가 스스로를 소홀히 대하고 있다는 생각이 들 때마다 아무 페이지나 펼쳐서 자기돌봄에 관한 영감을 얻는 거야. 너에게, 그리고 모두에게 제안하는 바이기도 하지만 나 스스로의 다짐이기도 해. 그래서 마지막으로 자기돌봄을 위한 작은 연습과 참고 서적을 덧붙였어.

난 이제 엘베 강 강가로 산책을 떠날게. 다시 만나는 날까지 부디 잘 지내길.

안네가

내게 가장 잘 맞는 자기돌봄 방법 찾기

메모장과 펜을 들고 이 책에서 보았던 미션과 연습 방법 중 여러분의 자기돌봄에 도움이 되었던 방법 열 가지를 적어보세요. 또 자기돌봄을 실천하면서 떠올랐던 문장이나 깨달은 점을 적어도 좋습니다. 보통 이런 메모를 할 때는 '오늘 해야 할 일' 등을 적게 마련인데요, 그 대신 '지금 내 기분은 어떻지?' 혹은 '지금 내가 느끼는 감정은?'에 대한 답을 써보세요. 15~20개 정도의 항목을 써 내려갈 수 있다면 더욱 좋습니다. 시도하기 쉬웠던 방법, 자신에게 잘 맞는다고 느낀 방법, 이론적으로는 끌리지만 잘 맞지 않았던 방법 등, 떠오르는 모든 내용을 적어보세요. 다 작성했다면 메모를 집 안 잘 보이는 곳이나 책상 앞에 붙여두세요. 그리고 지치고 힘들 때, 스스로를 잃어버린 것 같고 뭔가에 짓눌리는 것 같을 때마다 그 메모를 보면서 여러분에게 도움이 될 방법을 찾아보는 거예요. 자기돌봄은 무엇보다 계속해서 이어가는 것이 중요하니까요.

나에게 던지는 질문

- ☑ 이 책에서 가장 큰 깨달음을 얻었던 연습 방법은 무엇인가요? 왜 그 방법이 가장 마음에 들었나요?
- ☑ 자기돌봄 연습을 시작하기 전에, 여러분 자신과 주변 사람들, 업무나 학업, 취미 등이 각각 어떤 비중을 차지하고 있었나요? 지금은 어떤가요? 가능하면 도표로 그려봐도 좋습니다.
- ☑ 어떤 상황에 처했을 때, 그리고 어떤 사람과 친하게 지낼 때 스스로를 잊기 쉬운가요? 왜 그런지 곰곰이 생각해보세요.
- ☑ 어떻게 하면 스스로를 돌보지 못하게 만드는 상황이나 사람을 변화시킬 수 있을까요? 또 어떻게 하면 꾸준히 자기 자신을 지킬 수 있을까요?

참고 도서

프롤로그

『자기돌봄의 원칙Das Prinzip Selbstfürsorge』, 타냐 라이히하르트 지음, 국내 미출간

1월

『외로움에서 뻗어나온 새로운 길Neue Wege aus der Einsamkeit』, 크리스티네 브렐러 지음, 국내 미출간

2월

『몰입』, 미하이 칙센트미하이 지음, 최인수 옮김, 한울림, 2004

『나를 치유하는 글쓰기』, 줄리아 캐머런 지음, 조한나 옮김, 이다미디어, 2013

3월

『다이어트 말고 직관적 식사』, 에블린 트리볼리·엘리스 레시 지음, 정지현 옮김, 골든어페어, 2019

『감정 식사』, 수전 앨버스 지음, 강유리 옮김, 생각속의집, 2018

4월

『일하는 재미를 찾아서Die neue Lust an der Arbeit』, 수잔네 베스트팔 지음, 국내 미출간

『리추얼』, 메이슨 커리 지음, 강주헌 옮김, 책읽는수요일, 2014

『일만 하지 않습니다』, 알렉스 수정 김 방 지음, 박여진 옮김, 한국경제신문, 2018

『하기 싫은 일을 먼저 하라』, 코르둘라 누스바움 지음, 김영민 옮김, 비즈니스맵, 2011

5월

〈사이콜로지 투데이 콤팩트Psychologie Heute Compact〉 특별호, '꿈: 밤의 이미지 이해하기'

6월

『무의미한 저항Widerstand zwecklos』, 안드레아스 크누프 지음, 국내 미출간

『내 안의 그림자 아이』, 스테파니 슈탈 지음, 오공훈 옮김, 쌤앤파커스, 2019

7월

『창조성을 지켜라』, 프랑크 베르츠바흐 지음, 박정례 옮김, 안그라픽스, 2012

『걷기 명상』, 틱낫한 지음, 진우기 옮김, 한빛비즈, 2018

8월

『그래, 그거야!Geht ja doch!』, 코르둘라 누스바움 지음, 국내 미출간

9월

『플로리시』, 마틴 셀리그만 지음, 우문식 · 윤상운 옮김, 물푸레, 2020

『영화 속의 긍정 심리』, 라이언 니미에· 대니 웨딩 지음, 백승화·최혜지·한영옥 옮김, 학지사, 2011

10월

『자연으로 돌아가기Zurück zur Natur?』, 안트예 플라데 지음, 국내 미출간

11월

『디지털 밸런스Digitale Balance』, 크리스토프 코흐 지음, 국내 미출간

『정리의 힘』, 곤도 마리에 지음, 홍성민 옮김, 웅진지식하우스, 2020

12월

『관대함의 미학Die Kunst der Großzügigkeit』, 수잔네 키펜베르거 지음, 국내 미출간

에필로그

『인터벌 원칙Das Intervall-Prinzip』, 카롤라 클라인슈미트 지음, 국내 미출간

옮긴이 **강민경**

대학에서 독어독문학을 전공하고 졸업 후 독일계 회사를 다니며 글밥 아카데미 출판번역 과정을 수료했다. 독일 어학연수 후 현재 독일어 번역가로 활동 중이다. 옮긴 책으로『젊은 베르테르의 슬픔』,『수레바퀴 아래서』,『젊은 시인에게 보내는 편지』,『이해의 공부법』,『하얀 토끼를 따라가라』,『시간 제어』,『자연은 협력한다』,『피터 틸』등이 있다.

오직 딱 한 해만, 다정한 이기주의자

초판 1쇄 인쇄 | 2023년 1월 2일

초판 1쇄 발행 | 2023년 1월 20일

지은이 | 베레나 카를 · 안네 오토

옮긴이 | 강민경

발행인 | 강선영 · 조민정

펴낸곳 | ㈜앵글북스

주소 | 서울시 종로구 사직로8길 34 경희궁의 아침 3단지 오피스텔 407호

문의전화 | 02- 6261-2015

팩스 | 02- 6367-2020

메일 | contact.anglebooks@gmail.com

ISBN | 979-11-87512-79-0 03180